- 广西高校人文社会科学重点研究基地"北部湾海洋发展研究中心"研究成果
- 广西科技基地和人才专项项目"北部湾海洋资源产业化开发与利用创新人才培养示范基地建设"（桂科AD17195082）成果

21世纪海上丝绸之路研究论丛

港口物流与湾区经济发展研究

Study on Port Logistics and
Bay Area Economic Development

朱芳阳　黄桂媛　等○著

西南交通大学出版社
·成都·

图书在版编目（CIP）数据

港口物流与湾区经济发展研究／朱芳阳等著. —成都：西南交通大学出版社，2020.8
（21世纪海上丝绸之路研究论丛）
ISBN 978-7-5643-7577-5

Ⅰ.①港… Ⅱ.①朱… Ⅲ.①港口－物流－关系－北部湾－经济区－区域经济发展－研究 Ⅳ.①F259.22 ②F127.67

中国版本图书馆 CIP 数据核字（2020）第 161719 号

21世纪海上丝绸之路研究论丛

港口物流与湾区经济发展研究
Gangkou Wuliu yu Wanqu Jingji Fazhan Yanjiu

朱芳阳　黄桂媛　等 著

责任编辑　罗爱林
封面设计　何东琳设计工作室

印张	13.5　字数　206千
成品尺寸	170 mm×230 mm
版次	2020年8月第1版
印次	2020年8月第1次
印刷	四川煤田地质制图印刷厂
书号	ISBN 978-7-5643-7577-5

出版发行　西南交通大学出版社
网址　http://www.xnjdcbs.com
地址　四川省成都市金牛区二环路北一段111号
　　　西南交通大学创新大厦21楼
邮政编码　610031
发行部电话　028-87600564　028-87600533
定价　98.00元

图书如有印装质量问题　本社负责退换
版权所有　盗版必究　举报电话：028-87600562

序　言

湾区是一个重要的经济地理概念，它是指由一个海湾或者相连的若干海湾、港口、邻近岛屿共同组成的区域。湾区交通便利，全球60%的经济总量来自港口海湾地区，城际贸易和国际贸易特别是跨陆地的国际贸易主要与沿海城市有关。港口是湾区城市群的重要基础设施，也是连接世界并促进湾区城市成为全球价值链的重要枢纽。港口吞吐量的大小、辐射范围和作业水平都影响湾区社会和经济发展。研究港口和湾区的整合，有效地吸收和学习世界其他湾区港口一体化建设的经验，探讨现有的港口和湾区一体化存在的问题与对策，对湾区未来经济发展和产业升级，以及加强对外辐射和提升城市实力都具有战略意义。

一般而言，湾区衍生的经济效应称为湾区经济，即以海港为依托，以湾区自然地理条件为基础，由城镇群与港湾地理聚变融合发展形成的、拥有国际影响力的、独特的区域一体化经济形态。湾区经济具有创新、开放、协同和溢出效应等显著特征，与外界联系紧密，区内要素流动便捷，经济高度开放，集聚功能强大。成熟的湾区经济形成通常需要以下条件：一是发达的港口城市，这是形成湾区经济的基本单位；二是优越的地理条件，这是形成湾区经济的基本条件；三是产业集聚和扩散，这是形成湾区经济的根本动力；四是强大的核心城市，这是形成湾区经济的重要动力；五是完善的创新体系，这是湾区经济可持续发展的引擎；六是高效的交通运输系统，这是形成湾区经济的重要支撑；七是合理的分工与合作，这是形成湾区经济的决定性因素；八是宜人的生活环境，这是形成湾区经济的重要组成部分；九是完善的协调机制，这是形成湾区经济的可靠保障。

因此，港口规划要更加科学，更好地适应经济发展及产业布局；产业定位要更加精准，发展新材料、物流等临港产业；交通物流要更加顺畅，提高港口货物吞吐能力；通关手续要更加便利，为企业省钱省时间；人才支持要更加有力，培养或引进一批专业化港口技术人才；资源保障要更加强劲，推动港口做优做强做大，主动融入湾区建设，坚持港产城融合发展，促进区域经济再上新台阶。

本书主要分为十章，主要内容为：港口物流与湾区经济、港口物流与湾区经济发展、国内外典型港口物流的成功发展模式与启示、国内外湾区经济发展研究与启示、基于供应链理念的港口物流发展策略、南向通道背景下的湾区经济发展战略、基于内生增长理论的港口物流与湾区经济发展机理、湾区经济发展与港口物流协同问题研究、湾区经济模式下港口物流发展对策、以湾区经济推动港口物流发展。本书由北部湾大学朱芳阳教授负责总纂，其他参与人员有黄桂媛、王柏玲、王景敏、黄伟新、金成国、车小英、刘新文。

本书是广西高校人文社会科学重点研究基地"北部湾海洋发展研究中心"、广西高等学校高水平创新团队及卓越学者计划：港口物流与湾区经济发展团队、2017年广西科技基地和人才专项项目"北部湾海洋资源产业化开发与利用创新人才培养示范基地建设"（项目编号：桂科AD17195082）等项目的阶段性成果。

由于笔者水平所限，本书存在一些不足之处，希望得到读者的批评指正！

作　者

2019 年 12 月

目　录

第一章　港口物流与湾区经济 ·································· 1
　　第一节　港口物流概述 ···································· 1
　　第二节　湾区经济概述 ···································· 3
　　第三节　港口物流与湾区经济的关系 ························ 6

第二章　港口物流与湾区经济发展 ······························ 9
　　第一节　我国港口物流的发展现状 ·························· 9
　　第二节　湾区经济的发展现状 ····························· 10
　　第三节　港口物流发展与湾区经济发展互动关系分析 ········· 12

第三章　国内外典型港口物流的成功发展模式与启示 ············· 15
　　第一节　国外主要港口物流发展模式的经验分析 ············· 16
　　第二节　国内主要港口物流发展模式的经验分析 ············· 22
　　第三节　国内外港口物流发展启示 ························· 38

第四章　国内外湾区经济发展研究与启示 ······················· 44
　　第一节　国外湾区经济发展状况与经验 ····················· 44
　　第二节　国内湾区经济发展状况与经验 ····················· 50
　　第三节　国内外湾区经济发展启示
　　　　　　——以粤港澳大湾区为例 ·························· 55

第五章　基于供应链理念的港口物流发展策略 ··················· 67
　　第一节　提高港口物流企业的核心竞争力 ··················· 68
　　第二节　建立供应链合作伙伴选择机制 ····················· 73

第三节　拓展港口物流供应链功能 …………………… 77
　　第四节　建设港口物流服务供应链信息平台 ………… 80

第六章　南向通道背景下的湾区经济发展战略 …………… 86
　　第一节　强化规划刚性约束 …………………………… 87
　　第二节　加强环境保护力度 …………………………… 97
　　第三节　加强统筹机制建设 …………………………… 101

第七章　基于内生增长理论的港口物流与湾区经济发展机理 … 107
　　第一节　内生增长理论 ………………………………… 107
　　第二节　湾区经济增长模型 …………………………… 109
　　第三节　港口物流与湾区经济发展实证分析 ………… 113

第八章　湾区经济发展与港口物流协同问题研究 ………… 120
　　第一节　湾区经济发展与港口物流协同发展存在的问题 … 120
　　第二节　湾区经济发展与港口物流协同发展对策 …… 137

第九章　湾区经济模式下港口物流发展对策
　　　　——以钦州港为例 ………………………………… 141
　　第一节　空间均衡策略 ………………………………… 141
　　第二节　区域联动策略 ………………………………… 155

第十章　以湾区经济推动港口物流发展 …………………… 169
　　第一节　湾区经济对港口物流的影响因素 …………… 169
　　第二节　湾区经济发展对港口物流的影响 …………… 171
　　第三节　广西加快对接融入大湾区的对策建议 ……… 173

附录　广西全面对接粤港澳大湾区建设总体规划
　　　（2018—2035 年）………………………………… 180

参考文献 …………………………………………………… 203

第一章　港口物流与湾区经济

第一节　港口物流概述

港口物流是一个复合概念，要对其内涵进行完整准确的阐述，必须从港口发展历史，港口物流活动的内容、基本要素、基本特点以及港口物流服务平台等不同维度进行全面阐释。

一、基于港口发展历史的维度

1992年联合国贸易和发展会议在《港口的发展和改善港口的现代化管理和组织原则》的研究报告中把港口的发展分为第一代港口、第二代港口和第三代港口。20世纪90年代以后，随着全球经济一体化的不断发展，港口向第四代港口发展。港口的功能从单一货运生产到综合物流服务汇集，从传统货流到集成货流、商流、金融流、技术流、信息流全面一体的大流通，运输方式也从车船换装到联合运输、联合经营，从传统装卸工艺到以国际集装箱门到门多式联运为主要特征的现代运输方式转变。现代物流中心建设成为港口新的发展目标。现代港口除了国际多式联运的枢纽功能外，还扮演着区域性或国际性的商贸中心、金融中心、信息中心的多元化角色。总之，从港口发展的历史过程来看，现代港口物流是货流、信息流、资金流的汇集地，各种物流作业的集中地，也是多种物流设施和服务功能的集合地。

二、基于港口物流活动内容的维度

港口物流活动主要包括装卸、运输、仓储、流通加工、信息处理活动以及各种辅助活动。从港口物流活动内容来分析,港口现代物流是将运输、仓储、装卸搬运、代理、包装加工、配送、信息处理等各物流环节有机结合而形成的完整供应链,是能为用户提供多功能、一体化的综合物流服务体系。

三、基于港口物流基本要素的维度

港口物流活动必须具备 3 个基本要素,分别是流体、载体和流向。流体是指经过港口的货物。载体是指流体借以流动的设施和设备。流向是指港内流体从起点到止点的流动方向。基于上述港口物流的 3 个基本要素来分析,港口物流是提供优质载体、合理安排流体流动顺序,使流体按科学的流向流动的整个过程。

四、基于港口物流基本特点的维度

现代港口物流是特殊形态的物流类别,与传统的港口生产和服务及其他类别的物流相比有全新的特点,包括国际化、多功能化、信息化、标准化、定制化、聚散效应、整合效应等特点。为了适应全球经济一体化的发展趋势,港口物流也日益凸显"一体化",且正在为不断适应现代物流发展需要而形成新型产业系统。

五、基于港口物流服务平台的维度

港口物流平台结构包含环境层、供给层和需求层 3 个层次。环境层由港口所在地区及其腹地的经济结构、政府职能部门(如港务管理局、海关等)的政策和法规,以及港口的物流设施(如码头、仓库、道路、机械等)构成。供给层和需求层则分别由物流服务提供方和物流服务需求方组成。因此，从港口物流服务平台来看，港口现代物流是指依托港口这个节点所形成的服务平台所进行的物流活动的总和。

六、基于港口在物流体系中独特地位的维度

港口在整个物流链中具有独特的地位，主要体现在以下方面：第一，港口是整个水陆运输的枢纽，是整个运输链中最大量货物的集结点，具有十分重要的地位；第二，港口拥有先进的设备、码头岸线资源、后方陆域面积较大的堆场、仓库以及良好的集疏运系统，这些硬件设施为港口从事现代物流服务奠定了比其他一般物流业更加良好的设施基础；第三，现代港口物流应成为具备生产要素整合功能的平台。港口作为人流、货流、商流、资金流、技术流、信息流的聚集区域，具有发展物流生产要素、整合平台资源优势，能够发挥"1+1>2"的外溢效应。因此，港口是现代物流网络链中发挥高效整合生产要素功能的大平台。从这个意义上说，现代港口物流是依托港口这个在整个物流链中具有独特地位的平台上所形成的现代物流系统。

第二节 湾区经济概述

一、湾区经济的起源

"湾区经济"一词最早产生于美国旧金山湾区。该湾区是全球著名的人才、科技、创新、资本等各类优质要素的集聚中心。经过多年的持续发展，美国旧金山湾区已经形成了以硅谷为产业发展中心的湾区模式，早已成为世界各国临海港口城市纷纷效仿的榜样。

目前，围绕生态、经济、社会发展等多维度的建设，世界上基本形成了旧金山湾、纽约湾、东京湾、悉尼双水湾、中国香港浅水湾、新西兰霍克湾、马来西亚布拉湾以及布里斯班鲁沙湾等 8 个著名湾区。其中，东京湾区、纽约湾区、旧金山湾区是最具影响力的 3 大湾区，它们文化开放、产业发达、区域协同，代表着国际上成熟湾区经济的发展方向。

国际上湾区经济的相关研究最早可以追溯到 1990 年纽约—新泽西港务公司发表的《港口产业对纽约—新泽西都市地区的经济影响》。之后，Tetsuya Akiyama 构建了土地利用模型，对东京湾区政府的规划工作进行了回归和检验分析；Volberding 研究了全球化背景下旧金山湾区与中国经济崛起之间的关系，认为在过去的 10 年间，港口、高新技术以及绿色科技在两者关系中占有重要地位；Alex Schafran 采用多尺度来衡量人口、政策、资本等 3 个相互关联的因素如何影响旧金山湾区的经济发展；Jelmer W Eerkens 采用结构模型捕获航空公司的决策变量，分析旧金山湾区的航空—机场协定对航空公司行为和机场拥堵的影响。总体上，国外学者对湾区经济的研究局限于某个特定区域，本质上并未将"湾区经济"作为一个一般化的区域经济学的概念或者发展模式，并利用经济学原理进行分析。

国内最早提出的"湾区经济"可以追溯至 1997 年前后，香港地区的学者吴家玮、田长霖等根据旧金山湾区的经验，提出建设沿香港海域的"香港湾区"设想。随着全球湾区的研究成果越来越多，"湾区经济"越来越趋向于成为一个一般化的区域经济学的概念。国内学者围绕湾区经济的形成，结合对国际湾区经济发展的横向比较，逐渐揭示了一些湾区经济的属性特征。但是对"湾区经济"的内涵和外延界定并不十分清晰，对湾区经济的具体历程和演进机制尚缺乏一个一般化的理论框架。一般认为，湾区是由一个海湾或相连的若干个海湾、港湾、邻近岛屿共同组成的区域，而该区域内衍生的经济效应统称为"湾区经济"。湾区经济是一种基于共享湾区的区域经济高级形态，具有港口密集性、产业聚焦性、城市群集性等基本特征。

二、湾区经济的形成

据不完全统计，目前全世界大约有60个湾区经济体，主要分布在以发达国家为主体的36个国家，如美国、英国、日本、澳大利亚等发达国家都有比较优越的湾区经济资源，湾区经济比较发达。尽管世界上湾区的数量众多，仅中国境内就约有200个湾区（面积为5平方千米以上），但并非所有的湾区都能够发展并形成湾区经济。湾区经济的产生和形成需要特定的条件。

第一，共享湾区资源是湾区经济形成的基础条件。

只有围绕共享湾区资源才能建设港口群，并通过港口群带动形成产业群和城市群。共享湾区资源主要是指湾区经济的形成必须围绕一个湾区来展开。从目前世界湾区经济的发展状况来看，大部分城市群都是围绕湾区形成的，最典型的例子是旧金山湾区。该湾区位于加州北部，最早发源地是旧金山，然后是奥克兰市和圣何塞市，湾区经济发展和城市布局主要围绕旧金山湾区展开。

第二，优良的地理位置是湾区经济形成的重要条件。

一般而言，湾区往往位于国家的入海口区域，具有建设多个深水港口的条件。湾区水曲要足够大且能够让大货轮通行，否则难以形成湾区经济。例如墨西哥的加利福尼亚湾虽然水深各方面条件都比较优越，区域位置也相当好，但由于海湾的南北两部分距离比较狭窄，海潮汹涌，到目前也没有形成湾区经济。

第三，对外开放是湾区经济形成的前提条件。

湾区经济是一种外向型经济，必须要以开放为前提；否则，再好的湾区条件也不可能形成湾区经济。历史上，英国之所以成为湾区经济的发源地，是因为它作为一个海洋国家，在18世纪就开始推行工业革命，使国际贸易迅速发展，这种国际贸易规模的扩大对港口运输存在着巨大需求，要求其充分利用自己优越的港口资源。据统计，随着英国的工业化和国际贸易的扩大，英国形成了 7 个湾区经济体，各港口在国际贸易中发挥了重要作用，其中，伦敦湾区、利物浦湾区和布里斯托尔湾区的作用最显著。这充分说明对外开放对于英国湾区经济的形成发挥了较大作用。如果一个国家处于封闭状态，再好的地理优势也很难形成湾区经济。

第四，区域合作是湾区经济形成的实现条件。

湾区经济除了上述条件外，还必然需要区域合作作为实现条件。区域合作主要包括两个方面：一是湾区内部的合作，包括区域内港口、产业、交通、文化、政策等各方面的协同合作。二是湾区与周边腹地的合作。如果湾区港口群的经营者不能相互配合，而是彼此展开恶性竞争，则难以形成"1+1>2"的湾区经济效应。东京湾是区域合作的成功典范，一方面，他们加强东京湾内部的通力合作，借助港口建设大力发展外向型经济，推动工业发展和城市扩展，同时加强内部交通基础设施改善，强化轨道交通通勤，促使东京湾城市之间合作的进一步加深。另一方面，东京湾加强对外辐射，通过产业链分工与合作，推动形成了由东京到横滨宽 5~6 千米、长 60 余千米，工业产值占日本全国 40%的带状海湾区域。可见，东京湾区正是通过区域融合发展成为世界一流湾区的。

第三节　港口物流与湾区经济的关系

港口物流是多种物资、交通运输、服务的集合，即港口物流是货流、信息流、资金流的汇集地，是各种物流作业的集中地，也是多种物流设施和服务功能的集合地。从纵向看，港口物流涉及运输、储存、装卸、搬运、包装、流通加工、配送、信息处理以及为以上环节提供装备和配套服务的诸多领域；从横向看，港口物流服务是跨行业、跨部门、跨地区的基础性产业，具有强大的经济渗透力和带动效应。由此可见，港口物流的发展必然会对湾区的经济发展起到积极的促进作用。港口物流对湾区经济的贡献可以分为直接经济贡献和间接经济贡献两个方面。

一、港口物流对湾区经济的直接贡献

港口物流对湾区经济的直接贡献主要是指港口生产所直接获得的经济效益。港口作为生产部门，与其他行业一样，不仅产生国内生产总值和国民收入，还产生就业机会和税收。港口物流的发展将直接推动湾区内的基础设施建设。研究表明，湾区产出受道路、机场和港口等基础设施的影响显著，湾区经济发展与基础设施之间存在正相关关系。港口经济的发展直接导致对道路、港口等公共设施需求的增加，吸引大量外来投资，推动有关基础设施及相关配套设施建设，进一步促进城市建设与湾区经济发展的良性互动。另外，港口物流的发展带动着关联行业的发展。港口物流是由仓储、运输、物流、加工、贸易、金融、保险、代理、信息、口岸相关服务等共同构成的全产业链体系，它们相互依托、共同发展。

二、港口物流对湾区经济的间接贡献

港口的间接贡献指为直接经济活动提供劳务与产品的组织与公司所产生的效益，即由于港口的生产和发展促进或带动了其他部门的发展而产生的那部分效益。它包括以港口生产为中间产品的其他部门的发展而带来的经济效益；由于港口发展使货物得以及时运送而获得的生产效益与市场效益，以及由于港口发展减少了客运时间而创造的时间价值；增加就业人员及就业人员工资带来的消费的增长，从而促进了湾区经济的增长。也就是说，港口除了核心活动以外，还有部分扩展经济活动，正是这部分活动产生了港口对湾区经济发展的间接影响。这部分活动中最典型的包括对外贸易、临港工业以及基于港口服务业的大发展。

值得注意的是，港口物流对湾区经济发展起到较大的推动作用的同时，也会产生一定的负面效应，如运输体系的快速发展加重了环境污染等。因此，在评价港口物流对湾区经济的贡献时，还应考虑与湾区环境保护有关的指标，如能源、污染、拥挤、噪音和社会福利等。

第二章　港口物流与湾区经济发展

第一节　我国港口物流的发展现状

随着经济全球化和国际分工专业化趋势的不断增强，我国对外贸易的飞速发展引致对交通和物流更广泛的需求，由此激增的国际贸易货运量中通过海上运输完成的占到90%以上。沿海港口作为全球综合运输网络的重要节点，为顺应世界船舶大型化和集装箱化的发展趋势，其功能也在不断拓展和延伸。进一步发展和完善现代港口物流，已成为各大港口企业建设的目标。在惠及企业自身的同时，对港口腹地的制造业、贸易和区域经济发展起到了巨大的推动作用。

改革开放以来，我国港口无论在数量还是质量上都有了突飞猛进的发展。相关统计表明，全国万吨级港口泊位数从1992年的314个增加到2015年的1 723个。我国已经形成五大沿海港口群，主要港口正在向世界一流港口迈进，对区域经济协调发展的辐射和带动作用显著增强。近年来，我国港口规模连续多年稳居世界第一，拥有万吨级以上泊位2 444个。2018年完成货物吞吐量143.5亿吨，集装箱吞吐量2.5亿标准箱。在全球货物吞吐量和集装箱吞吐量十大港口中，中国占有七席。由此可见，中国已成为世界上港口货物吞吐量和集装箱吞吐量最多、增长速度最快的国家。

然而，在港口规模不断扩大的同时，中国港口的生产能力却仍滞后于吞吐量的发展。港口物流设施及装备水平参差不齐，标准化程度较低，港口企业无序竞争及缺乏专业物流管理人才等问题严重制约着我国港口物流发展水平。因此，从总体上看，我国港口物流服务尚处于发展的初期阶段。尤其在当前全球金融危机加深蔓延到实体经济，制造业生产规模缩减、市场需求下降的背景下，中国港口企业面临着更加严峻的竞争和挑战。沿海各大港口如何发挥自身优势，加快港口物流体系的建设，化"危机"为"生机"，对于我国保持经济平稳较快增长具有重要意义。

第二节 湾区经济的发展现状

一、我国湾区港口岸线资源丰富

纵观全球经济发展进程，最发达的区域往往集中在湾区周边。我国大陆海岸线，北起鸭绿江口，南至北仑河口，长达1.8万千米，海岸线、海湾、河湾等资源非常丰富，具备发展湾区经济的基础条件。同时，因大江大河入海口的泥沙淤积，形成了环渤海湾、长三角（长江口+环杭州湾）、粤港澳等天然大湾区。这些湾区港口资源丰富，如：上海港集装箱吞吐量、宁波舟山港货物吞吐量均位居全球第一，国际航运、贸易和金融较为发达；港珠澳大桥等一大批大湾区互联互通基础设施加快投资建设，为大湾区经济实现高质量发展打下了坚实的基础。

二、我国沿海地区有较雄厚的产业基础

我国沿海湾区临港工业、高科技产业和现代服务业发达，经济总量位居世界大湾区前列。2017年粤港澳大湾区11市的GDP之和为100 594亿元，折合15 976亿美元，超过了旧金山湾区和纽约湾区，成为仅次于东京湾的全球第二大湾区。具有大湾区发

展潜力的长三角大湾区（含南通、无锡、苏州、上海、杭州、宁波等9市）、环渤海大湾区（大连、青岛、天津等16市）2017年的区域GDP之和分别为98 800亿元、81 475亿元，也超过了旧金山湾区。

三、沿海部分湾区积累了一定的发展经验

湾区经济在我国并不是新鲜事物，部分省市早在2003年就已经进行了探索实践。2003年浙江省出台的《环杭州湾产业带发展规划》，首次明确了环杭州湾的区域范围，并规划要建设成为先进制造业基地核心区、改革开放与新型工业化先行区、科技创新先导区、生态建设示范区。浙江"十三五"规划纲要提出大力发展湾区经济，统筹推进杭州湾、象山港、三门湾、台州湾、乐清湾、瓯江口等湾区保护和开发，协同推进湾区基础设施互联、产业优化升级、湾区新城建设。福建"十三五"规划纲要明确要发展特色鲜明的湾区经济，重点建设环三都澳、闽江口、湄洲湾、泉州湾、厦门湾、东山湾六大特色湾区海洋经济密集区。

四、国家战略支持湾区经济发展

2015年3月国务院发布的《推动共建丝绸之路经济带和21世纪海上丝绸之路的愿景与行动》，提出要深化与港澳台合作，打造粤港澳大湾区。2017年3月全国两会《政府工作报告》再次明确要"推动内地与港澳深化合作，研究制定粤港澳大湾区城市群发展规划"。与此同时，国家发展和改革委员会牵头研究编制"粤港澳大湾区城市群发展规划"，标志着大湾区正式上升为国家战略。2018年3月全国两会《政府工作报告》明确要"出台实施粤港澳大湾区发展规划，全面推进内地同香港、澳门互利合作"。可见，粤港澳大湾区规划建设将进入加速发展期，预示着我国大湾区经济时代即将来临。

第三节　港口物流发展与湾区经济发展互动关系分析

港口物流属于生产性服务业，通过运输、储存、装卸、搬运、包装、流通加工、配送、信息处理等一系列流程，为其他各行业提供基础性服务，支撑经济发展。同时，港口物流的各个环节涉及国民经济的多个方面，是一个跨部门、跨行业、跨地区的综合性服务产业，具有极强的产业联动和经济带动效应，发挥着"增长极"的作用。具体而言，中国港口物流发展对湾区经济增长的作用机理主要表现在其多重经济效应上。

一、港口物流的支撑效应与"乘数效应"

港口物流的发展水平能直接或间接地影响生产部门的成本和效率，影响其供应的数量和质量，并且对物流基础设施建设的投入产生"乘数效应"，从而拉动经济增长。鲍森认为，运输发展存在着前向效应和后向效应。运输的前向效应是基于运输创新的发展，任何一种新的或改善了的运输基础设施将影响移动的范围、容量和成本，使流动性和可达性发生有效变化，这将潜在地增进经济和社会机会。正如港口物流的发展一样，这大大提高了生产要素和产品的空间转移效率，降低了生产部门的运输成本，有助于在生产部门和市场之间建立广泛的联系，对经济的发展有支撑效应。大量实证研究也证实："基础设施即便不能成为牵动经济活动的火车头，也是促进其发展的车轮。"可见，港口物流为经济的发展提供了强大的后勤保障。运输的后向效应则是"乘数效应"，即对港口物流建设的投资所引起的一系列连锁反应将使国民收入数倍增加。

港口基础设施建设和物流系统的构建会拉动钢铁、水泥、煤炭和制造业等生产要素的需求,从而使这些要素生产部门的就业和收入增加,随后进一步带动与这些生产要素相关行业的产品和服务需求。此外,港口物流建设对新技术、新原料、新能源、新装备等会产生诱导作用,刺激相关行业的技术进步,转变经济增长方式,推动国民经济的发展。

二、港口物流的集聚效应

港口物流通过发挥经济集聚效应,形成物流产业集群,使物流企业结成联盟,能有效整合优化资源,使资源得到最大限度的利用。比利时安特卫普大学的 Haezendonck E. 教授最先提出港口产业集群的定义,即一系列从事与港口相关服务且相互独立的企业,聚集在同一港口区域,并且采用几乎相同的竞争战略,以获得相对于集群外部的联合竞争优势。具体而言,沿海港口作为国内市场与国际市场的接轨点、国内经济与国际经济的交汇点,是人流、货流、商流、资金流、技术流、信息流的聚集地,具有发展成为物流生产要素整合平台的资源优势。利用这一优势平台,港口企业、物流园区、航运企业与供应、制造、销售商合作,可以组成一个高效率的物流联盟,通过对企业间物流功能以及各环节进行有机整合,有助于物流交易过程中企业的沟通,从而加强企业之间的合作,减少企业搜寻物流交易信息费用,降低各种履约的风险。同时,这一物流联盟也将促进区域内交通运输业、商贸业、金融业、信息业和旅游等多种产业的发展,成为新的经济增长点。

三、港口物流的出口竞争效应

随着国际贸易规模的不断扩大,低效烦琐的贸易程序和相对滞后的港口基础设施建设,逐渐成为国际贸易发展的瓶颈。出口国即使是有比较禀赋优势和比较技术优势，也有可能被较高的交易成本所抵消，导致部分国际贸易被阻隔。作为进出口商品运输的主要渠道，港口效率的高低直接影响国际贸易活动的开展。首先，港口物流的发展不仅能提高商品运输效率，降低运输费用，节约交易成本，还能发挥出口竞争效应，从交易效率方面改进我国出口商品的竞争力，培养商品交易效率的比较优势。其次，加强科学的港口规划和合理的物流网络建设，能提升港口服务质量，实现货畅其流，避免因商品的低交易效率和压港而破坏我国参与国际经济分工协作，为对外贸易的顺利进行提供有力保障。

港口物流作为中国经济和贸易发展的加速器，能带动区域内其他相关产业的快速增长，形成产业集群，优化区域产业结构，是新的经济增长点。从实证分析可以看出，我国沿海港口物流业对经济增长的贡献度较高，并且两者之间是一种长期稳定的均衡关系。如今港口物流正向着国际化、专业化、规模化、信息化的趋势发展，依据这一发展趋势，我国各个港口应根据自身实际，充分利用现有港口的自然条件、腹地情况及供求关系等，借鉴国内外港口物流发展的成功经验，科学合理地发展我国的港口物流，提升其国际竞争力，为我国经济平稳快速发展提供更高效快捷的交通运输服务。

第三章　国内外典型港口物流的成功发展模式与启示

关于港口物流，是指在一系列的规章安排和政策的约束下，围绕港口物流在国际贸易物流以及区域经济发展中的定位，建立一个完善的物流体系模式。该系统可以满足用户需求的物流动态，可以尽可能地节省资源，同时也可以完善其内部功能，并促进港口经济，社会、环境和资源子系统相互依存、相互作用和相互促进，以达到平衡协调，保持可持续发展。港口物流的发展模式决定了其在区域物流体系中的主导程度，对于区域经济的发展也有重要影响。港口物流发展模式（Developing Mode），是港口物流系统在特定的经济、政治环境中所形成的发展方向，也是在组织结构、思维和行为方式等方面的特点，是世界各国或地区港口在发展过程中对自身定位及发展战略的认识和定位。

经济的发展对于港口提出了更高的要求和新的挑战，这是现代港口物流发展的重要原因，对于港口物流的发展模式来说，其发展原因是多方面的。物流专家指出，港口物流的核心竞争力仍然是以货物运输方便、效率高、高吞吐能力等为评价标准。随着科技的不断发展，港口物流正在从单纯的货物运输到集有形商品、技术、资本、信息分布的集成物流功能的转变，也就是说，新的运输技术以及管理理念的发展，社会经济的发展，均对港口提出了新的要求。

第一节　国外主要港口物流发展模式的经验分析

一、新加坡港发展模式

新加坡港位于新加坡南部沿海，西临马六甲海峡东南侧，南临新加坡海峡北侧。主要特点：一是优越的战略地位。优越的战略地位决定了其成为世界著名转口港，中转业务极为发达。新加坡港与世界上123个国家和地区的600多个港口建立了业务联系，每周有430艘班轮发往世界各地，为货主提供多种航线选择。二是港口利用率极高。平均每12分钟就有一艘船舶进出，这相当于世界所有货轮在一年之内至少在新加坡港停泊一次。因而，新加坡港也被称为世界利用率最高的港口。三是大力拓展港口综合功能。例如，围绕集装箱国际中转，打造国际集装箱管理和租赁中心，形成了国际性的集装箱管理与租赁服务市场。此外，新加坡海港与新加坡空港合作开展空港联运的增值业务，还发展成为国际船舶燃料供应中心和船舶修理中心等。

新加坡港的管理模式为各方共同管理模式，由政府、国营企业、私有企业三方共同对港口进行投资建设及管理，也是世界上最为普遍的港口管理模式。它打破了由国家或政府对港口发展全权负责和垄断的地位，减少了国家、政府的权力寻租和管理的低效率，能够提高私营企业的积极性，提高港口运作效率，进而不断巩固新加坡港在国际港口物流中的地位。

新加坡港物流运作模式为供应链型与联合型物流中心模式，该模式由新加坡自身创造并发展。在该模式下，一方面，港口物流公司与航运物流公司共同成立物流中心，共同投资设立紧密型物流集团公司或由同一大型物流集团公司同时经营航运与物流两方面的供应链，以发挥各自优势进行专业化分工协作。另一方面，物流中心则同港口和保税区，或与港口所在城市共同建立并运营。新加坡港物流运作模式的特点主要体现在以下几方面：

1. 政府投资建设并奉行自由港政策

1997年以前，新加坡港在港口管理体制上实行政企合一，政府和国营企业主导投资建设和管理。此后，逐渐实施港口股份制管理体制，引入私营资本参与港口运营。例如，1997年，新加坡物流倡导委员会制定了港口发展纲领，新加坡贸易发展局相继开展1997年、1999年和2001年的物流业提升及应用计划，成功整合了运输、仓储、配送等物流环节。同时，实施自由通航贸易等自由港政策，使境外货物及资金自由进出，对大部分货物免征关税，为货物的流通提供了方便，也节省了成本，更带动了集装箱国际中转业务的快速发展。

2. 物流分工明确，集约经营

新加坡港区内设有3个配送中心，分别是巴西班让（Pasir Panjiang）港区、森巴旺码头（Sembawang Wharves）和岌巴分销园（Keppel Distripark）。其中，巴西班让港区为专门的汽车转运中心；森巴旺码头为散货分拨中心，主要处理汽车、钢材和重型设备等货物；而岌巴分销园则是港区内最为便捷的集装箱配送中心，主要提供拆拼箱、运输及货物测量、贴牌和包装等服务。

3. 积极培育港口物流链

新加坡港十分注重发展临港工业，将港口与腹地工业两者有机地结合起来，港口物流为工业发展提供专业高效的物流服务，从而带动和促进区域经济发展，较好地实现了以港兴城的战略目标。另外，港口腹地工业的发展，又进一步促进了港口的经营发展，形成了良性循环。

4. 开展柔性化的物流服务

新加坡港口物流服务形式多样，且提供其他增值服务。增值服务包括由港务集团提供的IT、物流、供应链等相关解决方案。例如，为客户提供集装箱管理服务，利用自己的IT技术开发虚拟仓库系统，既可帮助客户提高仓储效率，又能提升客户供应链效率。

5. 运作与管理实现高度现代化

新加坡港充分利用自动识别系统、电子入闸系统以及全自动化桥式吊机等高科技，不断提高物流运作和管理水平。目前，新加坡港的贸易网络和海港网络方便快捷地为政府部门、航运企业、货运代理公司和船主提供沟通渠道，使相关信息能够适时地到达有关方，极大地优化物流管理并提高运转效率。

二、安特卫普港发展模式

安特卫普港地处斯海尔德河下游，是比利时最大的海港，也是比利时、卢森堡、法国和德国等欧洲主要国家的进出口门户。港口腹地广阔，除本国外，还包括法国北部、亚尔萨斯地区以及洛林地区，卢森堡、德国萨尔州、莱茵—美因河流域、鲁尔河流域以及荷兰的林堡等大工业区。

安特卫普港的管理模式为政府机构直接管理。该模式可以充分调动政府资源，但也存在投资使用率不高、经营效率低下以及服务质量较差等显著问题。1997年之后，安特卫普港实行管理体制改革，将港务局由政府的一个部门转变为独立经营核算单位，增加了财务、人事和管理决策方面的自主权，负责规划并管理整个港区。责权利的明确化，提高了管理机构的积极性，有利于改善港口的运转效率。

安特卫普港物流运作模式采用共同出资型物流中心模式。该模式通常以港口为依托，联合数家水、陆运输企业共同出资，或以股份制形式组成现代物流中心，将装卸、仓储、运输、配送以及信息处理等功能合为一体，开展一条龙的综合性服务。该模式有助于解决港口资金短缺问题。此外，港口通过与国内外先进物流企业间的合作，适时掌握国际物流中心的经营管理技术和运作方式。该港物流运作模式的特点如下：

1. 港务局与私营企业共同出资

港务局投资主要集中在港口基础设施上，而私营企业主要投资物流、土地开发以及海运等业务。基础设施属于公共物品，一般投资期限长、投资额大且投资回报低，私人资本不愿意介入；物流、土地开发等属于私人物品，具有投资期限短、投资回报高等特点，能够吸引私人投资。港务局与私营企业共同投资港口建设，较好地解决了公共物品和私人物品的投资问题。

2. 基础设施完善

安特卫普港不仅硬件设施良好，拥有各方面的专业化码头、各式仓库和专用设备，建有化工、石化、炼油、船舶修理和汽车装备等工业开发区，还拥有信息控制系统和电子数据交换系统等电子信息系统，利用信息控制系统进行导航，对企业之间的数据信息进行交换。这样既能提高工作效率，也能提高物流效益。

3. 交通运输网络四通八达

迄今为止，安特卫普港已经与100多个国家和地区建立了贸易关系，拥有300多条班轮航线，联结世界上800多个港口，也是12条国际铁路线的终点。水路、公路、铁路紧密相连，形成了完善的运输网络，保证了货物运输的畅通与业务效率，可以较好地开展海铁联运、海河联运以及海陆联运等联运业务。

4. 促进临港工业发展并向腹地拓展

港口物流的发展离不开广阔的市场，而临港工业发展和腹地扩大化是推动市场形成的重要抓手。安特卫普港是比利时第二大工业中心,港区工业集中化程度高,工业范围主要涉及炼油、化学、钢铁、机械、有色冶炼、汽车、造船等。港口腹地广阔,除比利时外,还延伸至法国北部、卢森堡、德国以及荷兰等国,这些地区和国家的经济较为发达,市场需求量极大,能促进安特卫普港港口物流的发展。

三、鹿特丹港发展模式

鹿特丹港位于荷兰的南荷兰省新马斯河(Nieuwe Maas)河畔,地处莱茵河与马斯河汇合处,为欧洲最大港口城市。该港是连接亚、非、欧、美、澳五大洲的重要港口,因此也有"欧洲门户"之称。

鹿特丹港的管理模式为政府机构直接管理模式,政府统一港口规划、建设和管理。随着经济发展和市场变化,港务管理局逐渐认识到政府单一管理模式的弊端,不断对港口管理功能进行调整。例如,港务管理局由先前的港务管理功能逐渐转变成物流供应链管理功能,同时,持续发展扩大港口区域,还主动为厂商寻求各种投资机会,建设信息港,发展增值物流及服务,从而带动城市经济发展。

鹿特丹港物流运作模式为地主型物流中心模式。该模式由其创造并发展。在这种模式下,大部分经营管理自主权和土地使用权由港务管理局拥有。通常,港口管理局提供部分仓库或场地以开辟成公共港口物流中心,但不直接参与物流中心经营,重点挑选业务基础和信誉好的物流公司加盟经营。除了鹿特丹港外,美国纽约港、德国汉堡港以及法国马赛港等世界著名港口也采用该模式。地主型物流中心模式的主要特点如下:

1. 政府统一规划,企业自主经营

鹿特丹市拥有土地、海岸线和基础设施所有权,市港务局负责对港区内航道、码头和土地等进行统一开发，建设成港口和工业园区，并实施管理。政府在港区专门开辟物流中心，重点引进和布局与港口运营相关产业。码头上部分机械设备、库场、辅助配套设施、基础设备设施以及仓库，则由参营私企以租赁方式进行投资。

2．配套设施完善，运作效率较高

港口拥有电子数据交换系统和自动化导航系统等完备配套设施，以及现代化的港口管理设备和操作技术手段，如畅通快捷的海关服务确保货物及时发送。此外，集疏运系统广泛运用，扩展至腹地运输网路以及港口内部运输系统，为快速通航提供了有力保障。

3．物流中心呈现专业化、规模化

在港口资源有限的条件下，建立和不断发展物流中心，是鹿特丹港成功的关键。1998年，该港便建成专门的"配送园区"，引导和鼓励到港货物进入物流园区，开展专业化增值物流服务。目前，港区及腹地设立了埃姆（Eemhaven）、博特莱克（Botlek）和马斯莱可迪（Maasvlakte）3个专业化的功能齐全且设备先进的大型物流园区，分别负责储存和配送不同种类货物，提供各项增值服务及海关现场办公业务，并在港口采取多样化的集装箱运输形式。

4．港城一体化，港口腹地工业形成工业带

作为一个典型的港城一体化城市，鹿特丹拥有约3 500家国际贸易公司，以及一条包括炼油、石化、船舶建造与修理、港口机械、食品等多部门的临海沿河工业带。在港区内实行"比自由港还自由"的政策，充分吸引客户。另外，还实行"保税仓库区"制度，仅收取货物仓储费用，以降低客户成本，提高港口竞争力。

第二节　国内主要港口物流发展模式的经验分析

一、大连港发展模式

大连港位于辽东半岛南端的大连湾内，是该区域进入太平洋、面向世界的海上门户。大连港始建于1899年，原名为大连商港，距今已有百余年的历史。1945年8月，苏联红军进驻并接管大连港；1951年，中国政府正式收回大连港。2003年4月，在辽宁省大连市召开的关于"大连港政企分开管理体制改革"会议上，市政府宣布了成立大连市港口管理局和大连港集团有限公司。大连港集团有限公司最初的注册资本为40亿元，企业资产总额达203亿元。2005年11月，大连港股份有限公司正式成立。2006年4月，大连港股份有限公司于香港上市。2010年12月6日，大连港股份有限公司成功回归A股上海股票市场，大连港集团港口物流业务整体上市的企业目标终于得以实现，在我国证券市场上首开先例，成为我国第一家同时拥有"A+H"双融资平台的港口类上市公司。2011年，大连港集团的两项主要生产指标均创下历史新高，全年的货物吞吐量达2.67亿吨，比2010年增长3 152.2万吨，增幅为13.4%，超额完成年度计划815.1万吨；集装箱吞吐量达到635.1万标准箱，比2010年增加110.9万标准箱，增幅为21.2%，超额完成年度计划5.1万标准箱。"十二五"期间，大连港集团按照国家发展战略指导和企业战略规划，不断加强物流服务和港口基础建设，港口建设稳步发展，但是受经济危机影响，全球经济低迷，港口企业发展受到严重影响。挑战就是机遇，"十二五"中后期，大连港集团开始利用新技术转变发展方式，进行商业模式创新。截至2016年年底，大连港集团的创新成果已经显现出来，港口基础设施建设完善，商品贸易、物流金融、物流地产和信息化服务四大板块的建设都取得了长足进步。2019年4月12日，入选由中国科协调宣部主办，中国科协创新战略研究院、中国城市规划学会共同承办的"中国工业遗产保护名录（第二批）"。截至2015年，大连港水域面积346平方千米，核心港区陆域面积约18平方千米，陆域面积15平方千米，保税港面积6.88平方千米，集装箱吞吐能力1 600万标准箱。2017年，大连港实现货物吞吐量4.51亿吨。截至2019年7月，大连港主要从事原油、成品油及液体化工品装、卸、储运服务、客运服务等方面业务。

大连港海陆空交通网络比较发达，交通十分便利，初步形成了分工较为明确、布局比较合理的集约化、专业化、现代化的港口城市群。其在环渤海经济圈中占有举足轻重的地位。大连港的物流服务模式是以港口为核心的虚拟供应链服务模式。虚拟供应链模式主要由横向联盟和纵向联盟两种模式组成。港口群一起合作发展实现共赢的模式为横向联盟，如集装箱港口的联盟发展。在形成港口群企业之间的合作关系时，首先这些港口群是由众多相关行业的企业通过合资、参股的方式形成的，这样一个港口物流网络就不只包括一个港口，而是一个区域性的港口集合。纵向的合作联盟还有港区联盟、港航联盟、港货联盟等几种形式。① 港货联盟，就是以货主为模式的核心，港口是和货主直接合作、结成联盟的，货主主要进行自己的核心业务，并把非核心的货物运输外包给物流企业从而提高自己核心业务的控制率，把利益率较低的部分分出去。港口通过与货主的合作可以保障货源，同时拓展自己的服务内容，参与到企业的生产和经营环节中去。② 港航联盟，就是港口和航运公司进行合作，对于现代物流来说主要是跟集装箱班轮公司进行合作。如港口与航运公司共同出资协同管理某个港口码头或者内河运输方式的营运。或是港口让出一些权利，把港口的一部分经营内容和仓库等场所交给班轮公司共同管理和使用。也可以港口和班轮公司两方同时出资提供第三方物流服务，共同开发信息平台，实现联盟共赢的目标。③ 港区联盟，港口和临港工业区分别是生产要素的最佳衔接点和物流的集散中心。通常在港口附近的合适区域建立起一个物流园区和临港工业园，建立一个产业集群，把一个行业相关的企业都集中到一起来，从而提高行业的效率，降低相互之间的供应和沟通成本。由于大型港口在整个体系中处于最核心的位置，因而也是整个供应链的核心，其他小型港口则要依据自己的位置特点以及本区域内企业的特点与其他港口和核心港口进行优势协作。在港区联盟的模式下，企业对于市场的需求可以更加灵活地进行改变，而且也能给大型企业带来相对较多的规模效益。

随着经济环境的变化，原先的战略已逐渐不能适应企业发展的需要，大连港集团及时调整战略，提出"到 2020 年将大连港集团建设成为一个多功能、全方位、现代化的国际强港"的总体目标。为了实现"强港"目标，大连港集团制定了详细的发展战略和发展策略。具体的发展战略可以用"一二三四五"5 个数字来概括：一个发展目标，到 2020 年，集团建设成为多功能、全方位、现代化的国际强港；两大企业使命，以港兴市、产业报国；三大战略定位，建设成为国际主枢纽港，建设成为国际物流中心，发展成为临港产业综合运营商；四项战略举措，港城一体化，产业兴港，合作共赢，品牌立港；五个方面转变，由装卸型向物流型、贸易型、工业型转变，由依托政府型向创造市场型转变，由追求数量规模型向追求质量效益型转变，由单纯竞争型向合作共赢型转变，由自我发展型向港城一体化转变。为了实现国际强港的建设目标，一批新的举措在全港推行。大连港集团设立了 6 项工作重点，5 个业务板块，5 项保障体系，分别从港口物流、贸易、金融、地产、信息化等 5 个方面进行创新业务拓展，围绕港口物流服务，进行价值创新活动，引领大连港集团商业模式创新建设。

1. 港口经营策略

港口经营策略方面，布局打造"一岛两湾"港区建设，即长兴岛临港工业型港区、大窑湾（包括大连湾）综合物流型港区和太平湾腹地产业型港区。打造以合作为基础、以共赢为目的的港口合作联盟。构建港口物流、工商贸服务、临港产业、港口建设和金融五大业务板块。搭建综合物流体系服务平台和工商贸一体化服务平台。在主营业务发展的经营策略上，整合两大服务平台的综合作用，集成五大业务板块的联动作用，形成全程物流综合服务体系。

在具体措施上，结合企业管理和对外服务十大工程，建设全程综合物流服务体系，整合资源，加快体系建设；建设商品贸易平台，增加市场交易活跃度；调整合作方式，在多领域建设战略合作关系；建设3个核心港区，实施港区共建工程；扩大招商引资，加快临港产业建设；进行科技创新，建设智能化港口；建设港口集疏运网络，保障交通通畅；建设港口安全系统，加强安全保障；推动改革，建设品牌优势。除了在对外宣传、港口建设、临港产业发展等方面加强，大连港还加强了物流、金融、商贸和信息等4个方面项目的建设，形成了综合物流服务体系的核心内容。

2. 市场定位

市场定位方面，随着港口物流企业竞争的加剧，辽宁沿海港口间的竞争逐渐呈现无序和同质化状态，东北区域内货物的货源没有被充分的开发利用。港口在世界经济和物流供应链发展中发挥的作用在人们对港口物流功能的认识中不断提升，从而导致人们对港口所能提供的物流服务越来越向综合化方向发展，也因此逐渐改进和提升港口功能。港口物流已经不仅仅扮演着提供后勤保障与物流服务的角色，而是逐渐在供应链中向更加核心的位置发展。传统的港口主要以大企业为目标客户群体，但是，通过市场细分发现，东北地区的港口物流市场还未被真正满足，因为港口的竞争主要集中于大型企业客户群的争夺，但是东北地区有很多的中小企业，这部分潜在的客户需求还未被满足。经过一番调研和分析，大连港开始发掘潜在客户群。目前，大连港的目标客户群覆盖了东北地区几乎所有规模的企业，形成了完整的目标市场。

3. 业务内容

在业务内容方面，大连港集团经过多年的发展和建设，现在除了物流业务外，还在信息化的基础上，逐步拓展了金融、商贸、信息和地产业务。集团现有港口物流、工商贸服务、临港产业、港口建设和金融五大业务板块。港口物流与商贸业务板块主营油品及液体化工品、矿石、散粮、集装箱、散杂货、客运滚装、汽车等相关物流业务。大连港集团的商业模式创新正是依托物流业务完善的基础条件和资源优势，逐步构建"信息化覆盖，贸易、金融和地产联动多元化服务，实现多方共赢"的全程物流综合服务体系。2017年，大连港集团加快了发展步伐，与周边港口、货主、第三方物流企业之间的协调、整合、共享，实现资源要素进一步的优化配置。重点提高港口服务能力，降低成本，实现物流与贸易、金融、信息全供应链要素的整合。持续创新物流服务、改善商业模式、深化战略合作，打造综合物流服务平台，实现港口端到全程物流体系到供应链系统的转型升级。大连港集团以顾客需求为中心，整合物流、金融、贸易、信息等资源，加快产品和服务创新，深化合作关系、完善物流网络、提升服务水平，加快推进集团综合物流服务体系建设。除此之外，大连港集团还积极推动高端服务业发展，加快走出去步伐，全力构建集物流、商流、资金流、信息流于一体的港口生态系统，向成为国内一流的供应链综合服务商的战略目标迈进。

二、青岛港发展模式

青岛港位于山东半岛南岸的胶州湾内，始建于1892年，具有125年的历史，是我国重点国有企业，中国第二个外贸亿吨吞吐大港，是太平洋西海岸重要的国际贸易口岸和海上运输枢纽。青岛港是晋中煤炭和胜利油田原油的主要输出港,也是我国仅次于上海、深圳、宁波舟山的第四大集装箱运输港口。青岛港"四矿同卸"创出昼夜安全靠离船8艘次、单班吞吐量18.5万吨、单班装车1 057车等高产佳绩。董家口矿石码头公司通过矿焦联动业务大幅增加了转运基础量。2017年11月达到了焦炭装船50万吨的最高纪录,12月再次突破62.6万吨的总体配送量。2017年青岛港创出海铁联运全海区第一、场站月均操作量青岛口岸第一、散杂货船舶代理综合实力青岛口岸第一等系列佳绩。2017年12月30日,青岛港单船在港装卸箱量超过10 000TEU的"地中海伊娃"轮,单机最高效率达到35自然箱/小时,提前2小时离泊。在青岛前湾联合集装箱码头,2018年1月1日,中东线"达飞奥赛罗"轮和美西线"中海华山"轮整船换装达到15 780TEU,创出全海区整船换装最高量,奠定了青岛港整船换装国内首选港的地位。而一系列业务的背后是现代化智慧管理的结晶,是推进智慧港口建设的收获。借助互联网技术资源,拓展现代化港口作业模式,从信息化与网络化中寻找到全新的突破口,是"互联网"背景下青岛港建设智慧港口的全新发展模式。

1. 青岛港建设智慧港口的初期发展模式

(1)互联网电商合作。

2016年6月12日,青岛港集团与阿里巴巴(中国)有限公司签署战略合作备忘录。阿里巴巴作为互联网的领军企业入驻青岛港,标志着青岛港正式开展"互联网+"的智慧港口建设之路。与电商服务平台深入合作的优势在于更为精准地把握市场动向,合作基础在于拓展多种网络服务,如云计算技术、网络服务、电子商务订单等。而与阿里巴巴的初步合作,也预示着青岛港将不断加强与网络电商的合作模式,进一步加快青岛港转型升级的步伐。

(2)互联网智慧仓储。

在青岛港专有云、跨境电商、互联网金融、物资采购等领域引入全新的网络合作机制，是进一步拓展网络服务项目的根本。而其中互联网智慧仓储的构建，将持续支持港口平台管理模式的不断优化。以云平台作为港口业务数据化管理的技术支撑，借助阿里云此前构建的大数据平台优势，搭建港口专有云，可支持港口仓储管理模式更为灵活，且在同一时间维度中提高敏捷度，支持仓储管理效率的不断演化与升级。而将跨境电商引入智慧港口的建设中，也是促进网络支付平业务拓展的关键所在。当仓储业务全面实时网络交付，其仓储管理资源的整合效力也会充分发挥，进而全面打通从仓储到支付再到物流管理及通关平台业务的网络环节，实现港口物流服务平台智慧模式，促进青岛港跨境电商业务整合仓储资源不断优化与发展。

（3）互联网金融。

在互联网金融方面，青岛港与阿里巴巴电子商务平台合作之后，互联网金融综合服务平台所开展的相关业务，在很大程度上满足了港口获取流动管理资源，更加便捷地服务了潜在外贸客户。在此基础上开展服务于青岛港的金融资源整合，并为更多客户提供电子支付服务，为终端客户提供融资服务，将促使互联网金融业务发挥更大优势，支持港口企业及产业链的不断优化，乃至流动资金的良性循环。而通过与阿里巴巴电商平台合作，可以实现青岛港采购业务系统的全面升级，进而链接阿里巴巴电商平台的相关业务，能够最大限度地提升青岛港物资采购的便利性，乃至丰富货品本身的多样性。这是进一步增强青岛港互联网金融业务向终端业务及网络业务延伸的发展趋势，也将促进青岛港智慧港口建设的全面发展。

2."互联网"背景下青岛港建设智慧港口发展模式解析

（1）青岛港专有云平台建设。

2017年6月22日，交通运输部办公厅公布了全国智慧港口示范工程名单，青岛港国际股份有限公司申报的港口物流电商云服务平台示范工程上榜。青岛港智慧港口的建设中，专有云平台是互联网发展模式的关键支持。港口物流电商云服务平台主要通过综合应用物联网、云计算、大数据、移动互联等多种先进信息技术，搭建了基于阿里云的物流电商服务平台，并基于该云平台架构相继研发实施了港口干散货、液体散货、集装箱长途公路运输、海运订舱、船舶供应等多个基于云的智慧物流信息管理系统。这些云平台服务子系统，是吸引港口内外物流企业的基础条件。通过青岛港专有云平台建设，以及信息系统开展的新型物流服务，拓展了青岛港线上全程服务模式，进而打造了港口物流电商服务的生态圈，可有效利用港口服务信息，优化整合固有管理资源，进而使信息化基础设施云化程度达到行业领先水平。

（2）跨境电商网络互助机制。

2018年1月2日，青岛港全面开启跨境电商保税备货模式的相关业务，实现由个人直购业务向大批量整柜式保税备货模式的成功转型，将进一步支持青岛港全程物流服务的渠道拓展。而青岛跨境电商系统，稳定对接国内电商平台和实体门店，完美解决海关和保税区对接。电子商务企业对于该系统的评价较高，其主要因素在于分销管理、商品进销存、O2O模式等技术功能更为便捷，且能够支持跨境电商的业务往来。而青岛跨境电商系统也将持续推出"直营+分销+O2O"的业务模式，指导跨境电商对外合作的全新方式及方法，拓展整体电商系统的网络用户普及度，进而转化为最直接的潜在客户资源。因此，通过服务跨境电子商务企业的业务拓展，实质上也反向塑造了青岛港的综合业务能力，是增强智慧港口服务性能的互助机制。

（3）互联网金融服务延伸性。

积极实施金融、互联网、国际化"三大战略"是青岛港早在2016年便已定下的长期发展战略。而网络金融的发展模式，可以借助区块链技术不断优化，并最终形成对于港口企业的资源互补与迭代演化。目前，青岛港互联网金融业务主要涉及保险业务、融资租赁、贸易融资、供应链管理等方面。早在 2014 年建立起的青岛互联网金融产业园，对于互联网金融业务的延伸起到了关键作用。其中，众筹、天使投资、P2P 等众多新金融服务项目，为港口企业提供了短期金融服务支持。而"西海岸经济新区"和"财富管理金融综合改革试验区"两项规划，也最大限度地支持了投资者的选择倾向。因此，今时今日青岛港之所以能够完成互联网金融服务的全面业务拓展与延伸，与此前一系列规划均存在较大联系，且支持了现代港口智能化、信息化、金融化的智慧转型。

（4）互联网物资采购的实时性。

青岛港国际股份有限公司物资设备采购中心的网络化建设，对于青岛港的采购活动具有较大的支持效果。以青岛港科技有限公司青港物流冷链保税联合封关智能闸口采购项目（项目编号：CGZX-WJ-2018-0401）为例，其向全网发布采购信息，集装箱箱号识别、RFID、OCR 车号识别等相关采购产品，可以将整体采购资金控制在 50 万元以下。投标企业可以直接发出竞价空间最大的产品，实质上对于青岛港现有资源的管理及购置均起到了优化网络信息对接的支持作用。

三、广州港发展模式

广州港历史悠久，因其 2000 余年以来保持的对外贸易城市地位而成为长盛不衰的港口。广州位于珠江三角洲北侧，四季常青，植被情况良好，连接三角洲密布的河网和南海，有着优越的地理位置和自然条件。广州港由广州市辖区内河港和内港、黄埔、新沙、南沙 4 个海港组成，基础设施齐全。截至 2016 年，广州港共有码头泊位 807 个，锚地 88 个，浮筒 23 个，万吨级以上泊位 76 个，最大靠泊能力 30 万吨。广州港居于珠江三角洲地区中心地带，背靠广州发达的立体交通网络，有贯通中国西南经济腹地，连通港澳，辐射东南亚的航运条件。经过航道拓宽工程，广州港现有的出海航道底标高已达 13 米，有效宽度 255 米，能满足 5 万吨级船舶的双向通航。21 世纪以来，中央和广东省政府高度重视广州港的升级发展，《全国沿海港口发展战略》《全国沿海港口布局规划》和《广东省港口布局规划》将广州港定位为珠江三角洲沿海港口群和西南沿海港口群的中心港口，国家综合交通大通道的出海口。2006 年，广州港务局发布《广州港总体规划》，明确各港区的结构和功能。2007 年，交通部出台《泛珠江三角洲区域合作公路水路交通基础设施规划纲要》，指明到 2020 年要全面建立能力充分、衔接顺畅、运行高效、服务优质、安全环保的区域公路水路运输系统。在系列政策的引导下，广州港的地位得到巩固和提升。目前已具备便利的通关环境和丰富的内河、沿海、远洋、客运航线，在促进区域共同发展，推进经济、文化全球化中发挥了重要作用。

经过数十年的摸索和改革，广州港已经确立了一套完整的发展机制，在以大宗散货中转和集装箱干线运输为主的多功能枢纽港口的总定位下，坚持各方共管的管理模式和共同出资型物流运作模式，构建规模化的港口物流体系，鼓励中小企业以合资、合建等渠道结成港口群经济共同体，持续强化临港虚拟供应链。在管理模式上，广州港自 2004 年以来实行"政企分开"，将商业化作为港口发展的方向，成立企业化运作的广州港务集团，负责港口投资和经营管理，广州港务局则行使行政监管和技术职能。在责任模块明确区分的情况下，广州港务局和广州港务集团各司其职。广州港务局制定港口管理章程，对港口经营状况、设施保安、安全生产情况、水路运输情况和水路运输辅助业经营情况进行监管，公开政务信息，全方位宣传广州港的发展进展和重大事项。广州港务集团部署港口运营、海港地产、海港商旅、水产渔业和港口金融为主体的"四板块，一支撑"产业布局，开展涵盖港口货物装卸和仓储、船舶货物配送、包装、库存管理、分销覆盖、安全监护、信息化等物流增值服务。政府、国企和私企共同参与的管理有机体大幅改善广州港的投资结构和运营架构，减轻政府财政负担，提高综合服务质量，显著增强港口竞争力。

在物流运作模式上，广州港以港口为中心，面向周边地区设立超前规模的物流园区，整合数家大、中、小型水陆空铁运输企业，在港务局的政策指引下打造综合性服务体。结合货物集散园区、物流中心和配送中心的港口物流节点体系提供门店到门店、货架到货架的综合性服务。广州港务集团在港区内设立拖车营运中心和集中查验中心，以集约化的拖车服务和一站化的通关服务打造良性的港口物流业务局面。改革后，广州港民营程度明显提高，中远海运、马士基等国际大型班轮公司已经进驻，另吸引诸多中小型船舶航运企业加入。大型班轮公司与码头开展全面合作，在集装箱业务、物流中心、物流增值服务等方面实现资金和技术输出。中小企业则进行互补，借助低成本、高灵活性细分市场，通过虚拟供应链联盟推进广州港和其他港口、货主、航运公司、临港工业区、保税区的业务对接。包含上下游供应商的港口物流链不断提升信息化、自动化水平，体现筑巢引凤的功能，在增值项和软环境上拥有越来越高的吸引力和影响力。广州港发展模式的特征主要表现在以下方面：

1. 重视城际港口互动协调

管理模式奠定港口发展模式的基础，是制约港口物流运作的根本性制约因素，广州港实行"政企分开"以来，其管理模式和物流运作模式的内部协调性增强，宏观发展格局优化。紧跟国际航运中心的转移趋势和广州城市发展战略进行转型，重视港城互动，是广州港发展模式的主要特征。开发海洋资源，发展海洋经济是21世纪各国新的经济增长点。随着各国国际地位的改变，国际航运中心逐渐由欧洲向北美和东亚转移。加之制造业基础扎实，靠近港澳，广州港优先明确自身在珠三角港口群中的关键地位，把握国际航运中心转移带来的机遇，及时变革"政企合一"的管理体制，在保留广州港务局的基础上设立广州港务集团，健全招商引资环境，充分发挥政府的宏观调控和市场规律，切准全球港口发展风向而创造巨大效益。广州港重视城际互动，在《广东省推进运输结构调整实施方案》的指导下梳理自身与省内其他港口的功能定位，由以散货运输为主向以集装为主、散货为辅的方向转型，在广州港务局的集中统筹下增进与其他港口的协调程度，共创良性竞争秩序，实行错位发展。此外，广州港依靠广州市的对外贸易地位大力发展国际航运，与80余个国家和地区的港口通航，开辟通达大洋洲、北美、东亚、西非、南欧的远洋国际航路，并在港区经济要素聚集的区域打造宜居宜游的新城，在港城产业融合和功能衔接上积累丰富经验。

2. 围绕主业开拓增值服务

广州港在发展中关注港口物流系统的更新和升级，围绕主业持续开发增值服务，在改善物流运作条件的同时，致力于港口特色文旅建设和国际交流。广州港在航道和码头泊位的建设上具有前瞻性，用一次设计、分阶段投产的方法保证集装箱、煤炭、矿石、粮食、化肥和车辆滚装运输的硬件条件，将主营业务分散至各港区。黄埔港区主要承担大宗散货和集装箱运输，新沙港区重点发展综合性内外贸集疏，南沙港区发展深水泊位和临港工业。同时，通过业务分流推进产业链纵深发展，以此保障主业效益。在成熟的航运服务外，广州港利用层次分明的物流体系探索增值项目，在内港区开辟旅游、渡轮和公务船路线，使港区衍生出文化旅游和商务交通功能。广州港务局重视打造广州港的形象名片，积极响应"一带一路"倡议，树立黄埔古港的海上丝绸之路文化地理坐标，将广州港纳进粤港澳人文湾区的范畴中，整理、保护港口历史文化遗迹，深挖港口文化基因。港务集团将废弃的码头厂房开发成食品加工和餐饮场所，带动个体消费的兴起，使港口发展更具可持续性。

四、宁波舟山港发展模式

宁波舟山港是中国浙江省宁波市、舟山市港口，位于中国大陆海岸线中部、"长江经济带"的南翼，为中国沿海主要港口和中国国家综合运输体系的重要枢纽，中国国内重要的铁矿石中转基地、原油转运基地、液体化工储运基地和华东地区重要的煤炭、粮食储运基地。该港作为上海国际航运中心的重要组成部分，是服务长江经济带、建设舟山江海联运服务中心的核心载体，浙江海洋经济发展示范区和舟山群岛新区建设的重要依托。据 2019 年 7 月宁波舟山港公司官网信息显示，宁波舟山港由北仑、洋山、六横、衢山、穿山等 19 个港区组成，共有生产泊位 620 多座，其中万吨级以上大型泊位近 160 座，5 万吨级以上的大型、特大型深水泊位 90 多座。截至 2018 年 6 月，宁波舟山港共有集装箱航线数近 250 条，其中远洋干线 120 余条，月均航班约 1 500 班。2018 年，宁波舟山港完成货物吞吐量 10.8 亿吨，完成集装箱吞吐量 2 635 万标准箱。

宁波舟山港是浙江省海洋经济发展示范区和舟山群岛新区建设的重要依托，也是宁波市和舟山市经济发展的重要推动力。宁波港和舟山港的联合开发衍生出很多港口附属经济，促使港口经济从简单的装卸向物流服务和临港工业迈进。"港口兴，则城市兴；城市兴，则百姓安"，浙江省致力于港口转型和升级，不断加强基础设施建设，扩大港口规模和承载力，提升港口服务功能和综合竞争力，以港口发展带动临港产业发展，打造临港产业链，并通过整合城市服务功能，促进港城互动，最终实现港、产、城和谐共生。

宁波舟山港位于长三角经济圈内，又紧靠上海港，所以宁波舟山港应利用自己的地理位置优势，依托上海港的发展促进自身的发展步伐。目前，在大背景战略环境下，对比其主要竞合对象上海港来说，其定位目标是国际性集装箱枢纽大港。上海港原有的其他业务的比例也将逐渐降低,分流给周边港口,最终形成港口集群发展。宁波舟山港要抓住此机遇,利用建成的大宗商品交易基地,将煤炭、粮食等散货的运输收入囊中。与此同时,嘉兴港、温州港、台州港等省内港口及江苏沿海港口建设也正在大力推进,这些港口与宁波舟山港有着共同的经济腹地,港口发展面临着前所未有的竞争压力。优良的自然条件和有利的政策条件是宁波舟山港发展的前提。天然的深水岸线资源和优越的地理位置为港口发展奠定了基础,科学合理的战略规划为港口的功能定位和发展指明了方向。宁波舟山港持续推进两港深度融合,并在港区功能定位、专业化码头布局和港区平面布置规划等方面进行调整、优化,主动引导海洋产业发展和岸线资源集约有序开发,如积极推进生产经营一体化,建立矿、煤一体化经营体系,实现宁波港和舟山港两港区信息平台互通,实现财务系统一体化。所以,在宁波舟山港的发展过程中,要认清自己的发展目标,找到自己的发展需求,制定好发展方针和路线。另外,由于宁波舟山港的经济腹地范围和上海港等周边港口重合地段较多,所以为了确保自己的优势,要做好港区集疏运系统的建设,提高港口的综合竞争能力,加快大宗商品交易平台的建设,提高港区的信息化水平。具体来说,主要从以下方面展开:

1. 强化宁波舟山港主体区位优势,细化港区功能

发展方面,首先,宁波舟山港可以利用港区水深这一天然优势,成为港口区位增长势的重要因素。长久以来的经验证明,船舶经济与航线呈正相关,航线越长,船舶经济越大。在忽略外部成本的影响下,不考虑油价、船舶造价等因素,通过对不同船型的单次航运运输成本进行分析比较发现,大型船的成本优势比较明显,所以现在远洋运输的船舶吨位都越来越大,大型化趋势越来越明显。同样,大型化船舶对航道的要求也非常高,需要深水航道和泊位。宁波舟山港的锚地水深能够挂靠超 40 万吨及以上级

别的船舶，这在国内都是屈指可数的，可以满足任何大宗型散货船的需求。应该利用这一优势建设发展大宗货物的中转运输服务，提高自己的核心竞争力，加快招商引资力度，吸引大型钢铁、石油等国际企业供应商共同参与宁波舟山港口的建设，扩大港口的经济腹地吸引力，提升港口的区位势。

对于宁波舟山港口的功能定位要明确，做到统一规划、突出重点，优化港口布局，加强港区的产业集聚能力，把宁波舟山港打造成为现代化的大港、强港。宁波舟山港现在已经是全球的重要港口，在国际上扮演者重要角色，也是我国的集装箱枢纽大港，近年来，也作为上海国际航运中心的重要分流港口，是长三角地区重要的原材料和能源中转运输港口，也是我国"一带一路"、海上丝绸之路经济带和长江经济带建设的重要组成部分。宁波舟山港抓住这些机遇，积极贯彻落实国家发展方针，充分利用港区自身原有的优势，扩大经济影响力和港区服务范围，推动港域产业集群的发展，促进港口的物流平台建设和信息化建设，加快建成全球一流的港区。

将现有的 19 港区划分为重心发展区、优化发展区及特色发展区 3 类，实施健康建设与发展战略。依次开发重点岛屿口岸以促进港口泊位规模化；优化老港区码头布局，调整功能以促进泊位集约化；合理安排客运、渔业等港区布局以促进港口泊位特色化；依靠舟山江海联运服务中心和国际化枢纽港建设，助推大宗商品泊位区、集装箱泊位区分别向北、向南集聚。

着重发展港城矛盾小、资源容量大的港区，其中包括梅山、金塘、衢山、岱山、洋山等。梅山港以梅山保税港区为依托，集远洋、近洋、内支集装箱运输于一体，兼顾汽车滚装运输，拓展物流、保税功能，重点进行梅山港区 6~10 号集装箱码头、进港航道、避风锚地建设。金塘港主打集装箱现代物流业，兼海洋产业开发，加快大浦口二阶段建设，上夼集装箱码头规划建设。衢山港主要运输大宗干散货、液体散货，以衢山鼠浪湖矿石中转码头、南进港航道为主。岱山港主运原油、成品油，兼聚海洋产业及杂货运输，重在舟山绿色石化基地配套码头、鱼山作业区进港航道建设。洋山港以综合服务功能为主，兼顾 LNG 及油品运输，继续推重小洋山北江海联运作业区及开发前期研究工作。除此之外，嵊泗、六横港依据航运发展前景，积极推进矿石、煤炭中转码头等建设，努力提升各种货物运输水平。

2. 增强国际影响力

目前，宁波舟山港的货运量在世界上已名列前茅，但是其国际影响力还远远不够。例如伦敦作为全球的航运经纪公司集中地，集合了全球许多著名航运经纪公司，凭借自身优质高效的航运经纪服务，依靠完善的法律体系、专业的技术支持及良好的市场环境，延续了其强势地位，稳居全球榜首。因此，对比国外的航运经营分布，宁波舟山港立足本国、东海沿岸区域，逐步走向国际化。因为伴随着世界贸易全球化，港口的发展早已不能仅仅局限于港口所处区域，应该从世界贸易的角度来分析定位，明确发展方向。宁波舟山港积极出台相应政策，创新管理体制，以优厚条件吸引世界一流大企业到港投资或建立地区总部，同时，根据国际产业发展演变规律，努力把握全球海洋新技术革命发展路径和海洋产业发展方向。要充分发挥海洋资源优势，加快海洋产业转型升级和海洋经济发展，以镇海、北仑等综合港航物流服务区为基础，建设港口物流信息"互联网+"数据网络平台，积极发展跨境电商业务、大宗商品交易业务；建设港区内贸易、航运、报关等服务一站式服务体系，增强其在国际航运中的竞争优势。

加快大宗商品信息交易平台的建设，利用现有的和潜在的客户资源拓展自己的腹地范围，根据巴西、澳大利亚、中东等地区大宗散货供应商的需求，积极提升港口服务水平。同时也要吸引长江流域客户的投资，实现集物流、信息流、资金流于一体的服务体系，完善港区的物流服务功能，实现向三代、四代港口功能的转变。改善目前港区的业务效率水平，实现由传统工业向第三产业的转变，大力发展能耗低、环境污染小、经济效益明显的高新技术产业，促使传统产业优化升级，增强国际影响力。

3. 建立大宗商品交易平台

从现有的经营状况出发，充分发挥海洋资源优势，加快海洋产业转型升级和海洋经济发展，以镇海、北仑等综合港航物流服务区为基础，建设港口物流信息"互联网+"数据网络平台，积极发展跨境电商业务、大宗商品交易业务。宁波舟山港根据国际航运产业发展演变规律，努力把握全球海洋新技术革命发展路径和海洋产业发展方向，建设港区内贸易、航运、报关等一站式服务体系，实现由传统工业向第三产业转变，大力发展能耗低、环境污染小、经济效益明显的高新技术产业。

同时，也要保持港区的可持续性发展，把宁波舟山港打造成为一个绿色、安全、和谐的港口。实现由地方大港到国家甚至世界强港的转变，加大港区对世界航运界的影响力，提升港区的国际知名度。另外，也要注重升级智慧型港区的建设，提高港区的服务功能和执行效率。

第三节　国内外港口物流发展启示

港口物流的发展历史久远，举措得当。一方面，港口所处的地理位置往往非常优越，是重要的出海口，并与内河运输相连，拥有四通八达的交通网络，可以源源不断地组织物流的进出口。另一方面，港口所在城市工业较为发达，城市与港口呈现良性互动的发展关系。此外，港口腹地是重要的工业中心和消费中心，为港口物流的发展提供强有力的支撑。回顾世界著名港口物流业和国内先进港口的高度发达的发展历程，可以有以下几个方面的经验和启示：

一、政府高度重视港口建设

港口固然具备天然禀赋，但后天的不断开发、建设和发展尤其重要。港口作为整个物流供应链的节点，可以利用自身口岸优势，强化对周边物流活动的辐射能力，完成物流供应链系统中的基本物流服务和增值服务。港口物流的发展离不开政府的大力扶持。例如，新加坡一直将港口物流列为国家重点产业之一，加以大力发展。政府一贯重视发挥港口优势，将港口规划发展上升至长远的战略发展高度，不断扩充、改善、提升港口相关设施水平和能力，多渠道筹集资金，并提供技术和人力保障，使新加坡港的基础设施水平始终保持世界先进水平。一般而言，政府主导了港口基础设施建设，通过持续性投入，不断优化港口的硬件环境，实现港口的规模化、系统化和国际化，确保港口的优势竞争地位。

二、立足港情，制定和实施差异化战略

各国政府都非常重视从战略高度规划和发展港口物流，制定适合港口自身发展的物流战略。另外，地理位置优越是每个港口发展的共同点。但港口的功能、发展基础、所处环境、物流管理体制以及物流运作模式各异，因而港口需要根据自身实际情况，扬长避短，实施不同的发展战略和策略。例如，新加坡港基于处于马六甲海峡咽喉的重要位置，是联系太平洋和印度洋的交通枢纽，大力发展中转业务。当20世纪60年代集装箱运输开始在世界上逐渐兴起时，新加坡便抓住这一历史机遇，开始大力兴建集装箱专用泊位，逐步改建和新建集装箱专用码头，实施积极的集装箱中转政策，使新加坡港迅速发展成为东南亚集装箱国际中转

中心。安特卫普港和鹿特丹港则根据自身发展对所在城市和腹地的强烈依赖性的特点，制定了以港兴城、城兴港兴的物流发展战略，大力发展临港工业，引入炼油、石化、港口机械、造船等工业，服务于港口物流。同时，通过建设航空、铁路、内河以及公路等便捷的交通网络，将港口物流不断向腹地延伸。例如，安特卫普港直接连接欧洲的几条主要高速公路，并与北欧主要的内陆水路网络相连。此外，安特卫普港距离布鲁塞尔国际机场的货物装卸设施只有 45 分钟车程。

三、采取正确的港口管理模式和港口物流运作模式

港口管理涉及港口规划、投资、建设以及运营等众多方面，涵盖土地、码头、航道、物流园区等开发、建设和使用等多个环节，需要充分调动政府、航运公司、物流企业等多方的积极性，实现目标协同，多方共赢。

目前，世界主要港口的管理模式有 3 种：第一种是私营企业管理模式，以我国香港地区的港口为代表；第二种是政府机构和国有企业管理模式，主要以我国的港口为代表；第三种是各方共同管理模式，以新加坡港口为代表。三种管理模式各有利弊，需要以港口物流效率、效果等关键绩效指标为考核依据，平衡各方面的利益，并采取适合的管理模式。同样如此，港口物流运作模式共有 4 种：由鹿特丹港创造并发展的地主型物流中心模式、由安特卫普港创造并发展的共同出资型物流中心模式、由我国香港港创造并发展的独立型物流中心模式以及由新加坡港创造并发展的供应链与联合型物流中心模式。

一般而言，港口物流运作模式是结合不同港口的实际情况，特别是与相应的港口管理模式相衔接，在港口物流发展的过程中，不断进行优化整合而产生的。以腹地经济发展为基础，科学规划

港口物流管理模式。港口以及腹地经济的发展是港口物流发展的基础和依托，港口物流的快速发展能够对腹地经济的发展起到巨大的促进作用，是区域经济一体化发展的重要保证。现代港口物流模式要求必须有一个能够覆盖整个区域的物流园区和加工区与港口建设配套发展，同时利用区港联动模式实现自由贸易区和港口物流的协调发展，通过配套服务的不断完善，实现经济效益的提升，使港口物流、自由贸易区和保税区相互依存、紧密配合、同步发展。

四、出台促进港口物流发展政策，不断提升服务质量和水平

港口物流的发展特别需要政府出台倾向性的政策，如扶持性的贸易政策、税收政策、港口用地政策以及人才政策等。例如，新加坡同美国、日本、加拿大、中东等许多国家和地区签订了自由贸易协定，充分实行自由港政策，实现通航和贸易自由，允许境外货物、资金自由进出，对大部分货物免征关税等。这些政策不仅促进了货物的快速流通，还大大节省了贸易成本，带动了新加坡港集装箱国际中转业务的长足发展，使新加坡成为国际航运中心、贸易中心和金融中心。荷兰鹿特丹重视发展教育，鹿特丹伊拉斯姆斯大学的办学宗旨是：为科学进步和社会发展贡献力量。该校管理学院和经济学院的专业已得到国际知名机构的认可，国际MBA专业排名居世界前列，开设海上经济学与物流等专业，从而为港口物流源源不断地提供人才。我国香港地区也与大学和教育机构合作，培养一流的港口物流操作管理人才。此外，大多数港口都专门设立保税区和物流园区，以方便货物的进出。在保障港口基本物流业务以外，多数港口还开展多方面的物流增值业务。例如，新加坡港开展船舶修理和租借业务，安特卫普港物流中心为普通和专门货物提供各种装卸、物流设施服务，鹿特丹港开展

储、运、销一条龙服务。

五、重视海洋人才的培养和引进

港口物流管理专业人才的缺乏是我国港口物流发展中所面临的一个主要问题，因此，应充分发挥社会各方面的积极作用，采用多种途径、方式培养和引进具备专业港口物流管理知识及经验的人才，尤其是同时具备电子信息技术知识的物流经营管理专业人才。同时，港口应积极开展管理人员培训工作，提高现有人员业务能力和管理水平。在人力资源建设中实行柔性的用人机制，通过多渠道全方位地引进专业人才，为港口物流发展奠定坚实的人才基础。港区的经营管理离不开人才，港口要进一步落实科技兴海、人才强港的战略方针，提供优越的工作环境和待遇，大力吸引国际海洋人才和专家到新加坡工作。同时，发挥船舶修造业较发达的优势，加强与中国船级社武汉规范研究所等船舶科研院所合作，加快船级社建设速度，抢占技术高地，加快江海直达船舶关键技术研究工作，突破现有船舶设计规范关键技术基础。同时，深化与国家海洋局科研所、高校等研究机构的合作，强化科技创新团队建设，加大高新技术研究资金投入，着力培养一批高层次海洋科技创新人才，提高自主研发创新能力，注重与国际专业机构的合作，全面开展高层次人才储备、培训项目。

六、加大海洋开发中的环保力度

国际化一流港区的建设、海上丝绸之路的发展离不开环境保护，宁波舟山港开发海洋资源通过贯彻开发和保护并进、污染防治和生态修复并举的海洋保护政策，维护了舟山群岛天然资源环境和海洋自然再生产能力。借鉴国内外综合整治的成功经验，推行港口环境及污染区域责任制，完善港口环保工作机制，引进先进环保设备，统筹海堤、海岸线保护。宁波舟山港应积极与政府配合，出台细化相关法律法规，建立入海污染物总量控制制度，从源头上控制陆源污染物的入海排放。划定港区海洋生态红线，制定海洋生态补偿、生态损害赔偿制度，加强海洋自然保护区、海洋环境突发事件应急反应机制建设。

七、加强和船公司、班轮企业的合作，拓展集装箱业务，实现双赢

船公司和班轮企业在港口物流发展中占据重要地位，尤其是随着集装箱业务的不断增多，从事集装箱运输业务的班轮企业对港口基础设施建设水平的要求越来越高。集装箱运输的专业性和运输船舶的大型化对港口物流的发展影响越来越大，一定程度上推动了港口物流行业管理水平和技术水平的提高。在进行港口扩建和拓展集装箱业务的过程中，港口可以通过和船公司、班轮企业等进行合作，降低由此产生的投资风险，以通过合作实现双赢。

第四章　国内外湾区经济发展研究与启示

第一节　国外湾区经济发展状况与经验

一、国外湾区经济形成的历史与现状

纽约湾区、旧金山湾区分别引领美国东部、西部对外开放和经济发展，东京湾区是日本的经济中心。三大湾区经济不仅在本国的经济发展和对外开放中处于核心地位，也在各自的区域经济乃至世界经济中发挥着重要作用。

1. 纽约湾区

依据鲁志国等（2015）的研究，纽约湾区横跨3州25县，面积达21 481平方千米，其核心城市为纽约市。湾区内河流众多，主要有哈德逊河、伊犁运河等，便利的水路交通使纽约湾区的发展可以延伸到内陆腹地。哥伦布发现美洲大陆导致各国殖民者相继涌进纽约湾区。1524年，意大利人乔瓦尼·达韦拉扎诺乘着太子妃号进入今日的纽约港区，宣布此地为法国所有。荷兰人亨利·哈德逊前往北美洲找寻新乐土，于1609年抵达纽约湾并沿着河流北上，带回当地的土产和毛皮回到荷兰，著名的哈德逊河就是以他的名字命名的。

1664年后，纽约的人口快速增加并成为出口农产品、进口工

业品的商业中心。随着当地经济迅速发展,劳动力出现严重缺乏。19世纪中期,爱尔兰大饥荒和德意志革命造成大量移民的迁入,使纽约的制造业快速发展。

由于美国没有受到第一次世界大战的影响,包括纽约在内的美国经济在19世纪末20世纪初出现了前所未有的繁荣,直至1929年10月24日,华尔街股市暴跌,造成了全球经济的大恐慌,这也从某种程度上说明纽约湾区已经在世界经济版图中占有极其重要的地位。

第二次世界大战期间,纽约的就业状况发生了较大改变,部分劳动力参军打仗,剩余的劳动力生产各种军需物品,其军工业获得了空前的发展,并带动了美国经济的整体发展。第二次世界大战期间,由于纽约未受战争影响,大量的非洲和欧洲移民涌入,纽约湾区的人口在20世纪30年代已超过1 000万。战后,随着劳动力成本的上升,纽约在技术创新、产业升级的推动下逐步进入后工业化发展阶段,经济再次繁荣,纽约成为全球经济最强的城市。从20世纪60年代开始,纽约湾区的经济发展以知识经济、金融经济为主要特点。

截至2014年,纽约湾区的总人口接近2 000万,拥有来自97个国家的移民、50多家世界500强企业,地区生产总值占全美GDP的8%左右。在世界商业、金融等领域有着巨大的影响力。

2. 旧金山湾区

旧金山湾区包括9县101个大小城市,核心城市包括旧金山、奥克兰、圣荷西等。萨克拉门托河和圣华金河两条河流在旧金山湾交汇入海。萨克拉门托河自发源地流向西南,穿过加利福尼亚中央谷地北部,与圣华金河形成三角洲,拥有皮特河、番泽河、梅克劳德河等众多支流,连通美国内陆,使湾区的开放和发展拥有广阔的腹地。(李睿,2015)

欧洲人最早于1542年发现旧金山湾区,西班牙探险家胡安·鲍提斯塔迪安扎建立了军事要塞和负责行政事务管理的教会。英国人威廉·李察森建立了第一栋私人住宅并规划了住宅附近的街市，取名"芳草地"。1848年开始，旧金山湾区的人口因"淘金热"而迅速增加，大批华工作为淘金或修铁路的苦力来到湾区，并在这里安家落户，此外还有大量的意大利人、巴西人、西班牙人等聚居在湾区内的各个地区。淘金设备和资金的需求刺激了制造业和金融业的发展，淘金人员的生活需要刺激了服务业的发展，"淘金热"使旧金山成为当时美国西部最大的城市之一。在制造业随着淘金的结束逐步衰退后，旧金山湾区的城市格局在"矿业""铁路"的推动下实现了两次大飞跃。

自20世纪中下叶，旧金山湾区的科技和金融产业得到快速发展，高度聚集了全球的人才、技术和资本，其科技实力逐步成为全世界科技发展的新标杆。旧金山湾区是全球实力最强的高科技中心之一，同时也是美国西海岸最重要的金融中心。2015年，湾区内总人口已超过760万，地区生产总值占全美的3.3%。

3. 东京湾区

东京湾区以房总、三浦两个半岛为两翼，拥有关东平原腹地，比邻太平洋，有鹤见川、江户川等多条内河连接腹地。湾区范围包括一都三县。镰仓时代，东京湾已经成为对外交往的主要通道。1858年，江户港、横滨港开始被迫对外开放。明治时代开始，逐步对外开放，并不断吸收西方文明，东京湾区发展迅速。第二次世界大战前，湾区人口已经超过600万，并肩纽约、伦敦等世界一流城市。太平洋战争极大地影响了东京湾区内各城市的发展，湾区内人口骤减，经济萧条。

20世纪60年代，东京湾区开始走向复兴，进入了高速发展时期，技术不断革新，新产业、新技术陆续涌现，以家电、电子、汽车为代表的制造业得到了迅猛发展，并陆续兴建了大批连接湾区内部城市和对外交往的海陆空交通设施。1997年，横跨东京湾的高速公路建成通车，使湾区内城市间的联系更加紧密。

东京湾区的六大港口分工明确，协同发展，年吞吐量总和达到 5 亿吨。东京湾区依托庞大的港口群沿 3 个方向向日本腹地辐射，形成京滨、京叶和鹿岛三大工业带。京滨工业带向横滨市方向发展，京叶工业带向千叶县发展，鹿岛工业带向茨城方向发展。三大工业带以东京都为核心，逐步向关东平原及其他内陆腹地延伸，形成了庞大的湾区城市群。2018 年东京湾区总人口超过 3 800 万，地区生产总值约占日本 GDP 的 1/3。

二、国外著名湾区发展经验

梳理世界著名湾区的发展路径、策略及成功经验，我们发现：纽约湾区、东京湾区和旧金山湾区作为区域经济发展重要的增长极，在各自国家的发展过程中发挥了十分重要的作用。主要经验如下：

1. 均具备发达的港口群和完善的产业配套

国际著名的湾区都充分利用了港口群，加强国内与其他国家之间的经济交易，并且以湾区为信息获取处，与国际加强交流。例如，纽约是美国一个非常有代表性的海港城市，它充分利用了自己的地域优势，在邻近城市建立了大型的港口群，在这个基础上开发出 200 余条水运航线、14 条陆运路线，并且还建立了四通八达的地下铁路网以及 3 条空运航线，让湾区包含的范围一直扩大到美国的中西部。通过这个港口群运输的货物占到了美国货运市场总量的一半以上，并且美国的本土产品也大都通过这一港口群运输到世界各地，进而带动纽约经济发展。再如旧金山湾区，该湾区资本积累丰富，相关技术比较先进，而且具备较厚重的文化底蕴。而这些资本的汇集必然会带动创新型经济的发展，进而让美国的高新技术一直位于世界领先地位。硅谷现在包含的高新技术企业已经超过了 8 000 家，其核心产业是信息技术产业，并且该产业也一直位于世界领先地位。另外，位于日本本州岛东海岸区域的东京湾区建立了以重工业以及高新技术为主的综合性工业区，其中的京滨工业区里面有很多涉及技术开发的企业与专门的研究机构，如以索尼为代表的电子制造、以丰田为代表的汽车制造，以及三菱、东芝等著名企业。

2. 均十分重视市场机制配置资源的基础作用与法律法规的出台

东京湾的环太平洋区位优势，在日本工业化和现代化进程中已被发挥到了极致。但由于日本国土面积狭小，区域经济发展不均衡，这就促使日本政府较早意识到国土综合利用的重要性。明治维新以后，日本经济发展依次经历了"产业立国""贸易立国""技术立国"3个重要阶段。为消除经济发展的二元结构问题，从20世纪60年代开始到21世纪初，日本政府先后制定了5次国土开发政策，分别为：1950年制定的《国土综合开发法》、1956年制定的《首都圈整备法》、1968年制定的《中部圈整备法》、1977年制定的《第三次全国综合开发计划》、2000年制定的《国土审议会令》。从日本5次国土开发计划来看，日本的区域发展战略不仅研究了社会基础设施、生活和文化设施的建设，还重点考虑了自然环境的保护问题，引导地方和企业的投资方向，避免盲目建设。纽约湾区在产业发展过程中也十分重视环境保护问题。19世纪末期，以制造业为主导的工业化和城市化进程使环境问题逐步显现。20世纪七八十年代，战后兴起的新兴产业取代了污染严重的制造业。1970年和1975年分别颁布的《国家环境政策法》和《州环境质量审查法》，对纽约市范围内的用地、公共政策等可能影响环境质量的项目进行审议，将自然和环境保护纳入湾区开发及建设的原则中，并加大对排污企业的制裁，在一定程度上优化了湾区的自然环境。

第四章 国内外湾区经济发展研究与启示

3. 人才集聚主要依靠第三产业和金融保险业的强力支撑

一般来说，湾区代表的不只是由海岸分隔形成的一片陆地，还包括周边的海域。这种水陆结合的地理环境会给人们带来很好的生活体验，也让很多人才汇集于此，进而在人才转移方面形成了独特的文化。比较有代表性的就是美国旧金山的硅谷，其科技创新能力世界闻名，也正是由于硅谷的辐射作用，整个旧金山湾区的经济飞速发展。除此之外，旧金山市政府大力发展法律和金融业，奥克兰政府则利用制造业为优势，引进硅谷企业发展高技术产业加快经济复苏。如今，斯坦福大学、加州大学伯克利分校等知名学府成就了硅谷的人才孵化器，就近为硅谷准备了大量的科技人才，该地包含了苹果、谷歌、雅虎、易贝等全球闻名的企业。东京湾区内分布有佳能、索尼等大型企业，横滨国立大学、庆应大学等著名学府，其成功经验主要在于建立了专门的产、学、研协作平台，国家经费支出更多向大学和科研单位倾斜，提升第三产业的比例以提高湾区的竞争力和区域生产力水平。从三大湾区产业结构分布上看，相较而言，纽约湾区的第三产业创造的经济价值占国民生产总值的90%，东京湾区和旧金山湾区第三产业均在国民经济中占据主导地位，比重超过80%。

4. 从配套设施上看，都着力构建交通便利、宜居宜业的城市环境

东京湾区是日本铁路、公路、管道和通信最为密集的区域。常住人口3 400万~3 700万，约占全国人口的30%。该区域分为东京内环线（山手线）和外环线（武藏野—南武）两条环形线路，东京市内拥有6条新干线、12条JR线、13条地铁、27条私铁、4条其他轨道交通线，共计62条。2015年，东京羽田机场国内航线升降90 000架次、国际航线44 000架次，全球旅客流量7 532万人次，位列世界第四。纽约湾区拥有三大机场，分别是肯尼迪国际机场（JFK）、拉瓜迪亚机场（LGA）以及纽瓦克自由国际机场（EWR）。纽约港地理条件优越，连接五大湖区，已成为全球著名的交通枢纽和美国的交通中心，纽约地铁线路错综复杂，轨道长度约为656英里（1英里≈1 609.34米），共设有469个车站，并由纽约大都会运输署管理。

总之，国外著名湾区所具有的完善的产业配套体系、高效的资源配置能力、强大的集聚外溢功能、发达的国际交往网络和宜居宜业的城市环境等，为我国发展粤港澳大湾区提供了多方可资借鉴的经验。

第二节　国内湾区经济发展状况与经验

一、我国主要湾区经济形成的历史与现状

我国三大经济圈的发展都具有典型的湾区经济特点。长三角地区的开放与发展以杭州湾为核心，珠三角地区的开放与发展以珠江口为核心，环渤海地区以渤海湾为核心。此外，北部湾、厦门-泉州湾、莱州湾、辽东湾也在地区的开放与发展中具有重要的引领和辐射作用。

1. 粤港澳大湾区

粤港澳大湾区又称环珠江口湾区、伶仃洋湾区等，起源于20世纪末期香港地区学者提出的"香港湾区""港深湾区"，由广东沿海湾区组成，与东南亚隔海相望，包括香港、澳门、深圳等珠三角"9+2"城市，以沿湾区城市为发展核心，以粤东、粤西、粤北及湖南、江西等临粤省市为发展腹地向内陆延伸，珠江的各个支流在湾区内汇合入海，拥有维多利亚港、深圳港等枢纽港口。环珠江口湾区的发展从北宋开始起步，这一时期，一些北方士民以家庭、家族集体向南迁徙，同时，政府修建了水陆交通设施，

这些因素为珠江三角洲各城镇的兴起奠定了较好的基础。广州和佛山在北宋时期已成为当时全国著名的海港城市和工商业城镇，汇集了全国各地的商贩，人口达到几万户。

明代中期，以佛山为核心，包括广州、惠州、肇庆、高州等城镇，形成了全国知名的冶铁业城镇群。清代开放海禁后，粤港澳大湾区迎来了对外开放和经济发展的重要历史机遇期，尤其是广州成为特许的唯一通商口岸。广州的工商业实现了飞速发展，城市不断扩大，逐步成为国际商业中心城市。佛山因中转广州通商口岸的货物，其商业也日趋繁荣。鸦片战争后，我国对外开放的格局出现了较大的变化，随着上海对外贸易的崛起，环珠三角湾区各城镇经济发展和对外贸易相对有所减慢，但仍在继续发展。

改革开放后，国家逐步实施以特区、沿海开放城市为代表的开放模式，珠三角地区迎来了全国率先开放的机会，广东成为全国经济第一大省，湾区内广州、深圳、东莞、佛山等城市迅速崛起，成为我国对外开放的桥头堡，至此粤港澳大湾区的开放和发展驶入了"快车道"。2014年，粤港澳大湾区的GDP总量已经达到1.4万亿美元，贸易总量超过1.8万亿美元。

2. 上海杭州湾区

上海杭州湾区又称环长江口湾区，位于我国东部沿海地区，面向太平洋，由长江口、杭州湾等长三角地区的沿海湾区组成。湾区内的重要城市包括上海、宁波、杭州等，以江、浙、皖等省市为湾区发展腹地，向内陆地区辐射延伸。拥有上海、连云港、宁波－舟山、温州等庞大的港口群及长江、京杭大运河等众多河流及其支流，水路交通发达。

上海杭州湾区内各城镇的工商业早在隋唐和宋朝时都已经非常发达。商业、手工业区、运输业、旅游业等兴旺发达，饮食、租赁、旅馆、仓储、借贷、娱乐、修补等诸多服务性行业也发展迅速。南宋时各城镇的产业发展呈现出专业化的特点，并长期保持它的专业特色，这些特色甚至延续到当代。1842年，上海被迫对外开放，1843年开埠，外国资本和商品随着帝国主义的入侵也一起涌入，中国原料型产品开始向外出口，上海超越广州，发展成为全国乃至亚太地区最大的经济、金融和贸易中心。到20世纪30年代，通过大规模的基础设施建设互相连通，各城市之间联系紧密，南通、宁波等城市因港而兴发展成为次一级的重要城市，湾区城市群的雏形已经形成。2014年，地区生产总值12.67万亿元，总人口达1.5亿。

2016年，《长江三角洲城市群发展规划》提出打造世界级城市群。上海杭州湾区的城市群已成为我国实力最强的城市群，跻身于世界一流湾区之列。

3. 环渤海湾区

渤海湾北起河北省大清河口，南到山东省黄河口，蓟运河、海河等河流连通内陆，与莱州湾和辽东湾"三湾相连"，形成了以京津为核心、以辽东半岛和山东半岛为两翼的城市群和港口群。

天津是渤海湾经济最早兴起的城市，元代设漕运、明朝设天津卫，到清朝初年，天津已经发展成为重要的水陆交通要地、商贸重镇和军事重镇。鸦片战争后，天津开埠促进了近代工业的大发展，洋务运动聚集了大量的近代工业。民国时期是天津近代工业的兴盛期，成为北方近代棉纺织业中心。

改革开放后，与环珠江口湾区和杭州湾区相比，渤海湾区内的各城市开放和发展相对滞后，直到"十一五"时期，天津滨海新区开始实行开放政策。环渤海湾区辐射整个中国北方，东北三省的粮食、西北的煤炭和华北的石油都要在这里中转到世界各地，国外进口的商品也要经过这里进入中国的北方市场。2014，环渤海湾区（京津冀地区）的总人口达1.11亿，地区生产总值之和占全国的10.4%，并正式提出京津冀协同发展。2015年，《京津冀协同发展规划纲要》提出打造世界级城市群。

对世界一流湾区经济和我国主要湾区经济的形成过程进行梳理可以发现，中外主要湾区经济的形成在地理禀赋、区域增长极、对外开放的引领效应方面具有一定程度上的共性特质，在形成原因、运作机制和功能使命方面存在差异。

二、我国主要湾区经济形成过程的共性特质

1. 独特的地理位置

我国的粤港澳大湾区、上海杭州湾区和环渤海湾区三大湾区都具有优越的地理位置，使之始终处于区域经济发展和开放的前沿。湾区经济的地理区域形状一般为半圆形或弧形，能够聚集更多的城市；湾区经济内拥有优良海港，面向海洋，海运便利；与内河相连，通过水运快速通达湾区经济的腹地。

2. 对外开放的引领效应

粤港澳大湾区的广州、上海杭州湾区的上海都曾是全国唯一的通商口岸，环渤海湾区的天津也曾是历史上重要的对外开放口岸之一。改革开放后，粤港澳大湾区的深圳、上海杭州湾区的浦东、环渤海湾区的天津滨海新区都在我国改革开放的历史进程中发挥了重要的引领作用。

3. 经济增长极的作用

从国外湾区发展的经验来看，纽约湾区带动整个美国东海岸地区的增长极；旧金山湾区是美国西部经济增长的重要引擎，其经济影响力辐射整个美国西部；东京湾区日本经济增长的"发动机"。而我国的粤港澳大湾区、上海杭州湾区、环渤海湾区分别是珠三角、长三角、京津冀三大经济圈的增长极，带动整个区域经济的发展。

三、我国主要湾区形成过程的主要差异

1. 形成原因的差异

从世界主要湾区的形成过程来看，比如旧金山、纽约、东京湾区，湾区经济的形成是历史不断演进的自然结果。而中国三大湾区经济的形成是改革开放后国家根据地理禀赋等要素的优势而进行的顶层设计结果。

2. 运作机制的差异

湾区经济是国家和地区经济的核心，拥有成熟的市场经济制度，其产业布局、港口发展、城市规模均是由市场自由竞争完成的，完成依靠市场竞争分配要素和资源。我国三大湾区经济的形成具有典型的中国特色，既尊重市场同时又是政府积极主导的产物。从历史上看，广州曾是政府许可的唯一通商口岸，上海取代广州成为对外开放的前沿也是政府推动的结果。改革开放以来，我国推行的特区开放、沿海开放、经济开放区等开放政策使三大湾区经济具备了对外开放的前提条件，逐步依靠市场竞争形成了粤港澳大湾区、上海杭州湾区、环渤海湾区三大湾区经济。

3. 功能使命的差异

湾区经济是区域内对外交往的平台、经济增长的引擎和国际交往的平台。我国的湾区经济是政府的重大战略布局，不仅是区域经济增长的引擎和对外开放的平台，更是肩负着全面深化改革、完成由政策开放向制度开放、由外向型经济走向开放型经济的重要使命，同时也是实施"一带一路"倡议的桥梁及内联外延的国际化平台。

第三节　国内外湾区经济发展启示
——以粤港澳大湾区为例

一、粤港澳大湾区与世界三大湾区的比较

粤港澳大湾区指由广东省 9 座城市（包括广州、深圳、珠海、佛山、惠州、东莞、中山、江门和肇庆）和香港、澳门 2 个特别行政区组成，拥有近 1 亿人、总面积约 5.59 万平方千米的大型城市群。从粤港澳大湾区所处的地理位置、经济发展水平、政策法规以及科技创新等与世界三大著名湾区（纽约湾区、旧金山湾区和东京湾区）相比较可知，它们之间有很多相似之处。

1. 粤港澳大湾区对标旧金山湾区

旧金山湾区位于美国加利福尼亚州北部西海岸，包括 9 个县，占地面积 1.8 万平方千米，人口超过 760 万，主要由旧金山、奥克兰、圣何塞 3 个城市构成。经过多年的发展，旧金山湾区在高新技术产业、金融服务业、文化产业和旅游业等方面取得了显著成效。旧金山湾区集聚了多家世界 500 强企业，如苹果、谷歌、英特尔、超微、惠普、赛灵思等，湾区内拥有硅谷和多所著名的学府，也为企业的发展输送了大批人才。20 世纪 60 年代初，旧金山湾区陆续成立了多家湾区保护委员会共同管理湾区环境，包括大都会交通委员会、水质控制委员会、VOCs 检测实验室以及美国联邦环保局（EPA）等，通过制定改善水质和转移重污染企业法规、鼓励高新技术企业发展条例和减少碳排放备忘录等，共同推进湾区可持续社区发展，不仅整治了污染，也创造了良好的自然、生态和文化。

粤港澳大湾区与旧金山湾区相比，有着众多共性。从地理位

置上看，旧金山湾区与粤港澳大湾区均处于三面环山、一面临海，适宜于发展外向型经济；从地域风格上看，硅谷和深圳也都有敢于变革、善于创新的传统，最为重要的是，粤港澳大湾区是中国创新要素和资源高度聚集的重要地区之一，深圳在研发成果产业化能力和产业配套能力上都名列世界前茅，并且多元发展新兴产业，这与旧金山湾区的"创新型"特点不谋而合。粤港澳大湾区十分注重科技创新，并且在这方面的成就尤为突出。截至2015年年底，广东省共有高新技术企业19 857家，高新技术企业规模居全国第一。发明专利拥有量138 878件，连续6年位列全国第一。企业发明专利申请和授权量占全省的70%以上，还拥有华为、中兴通讯、腾讯、网易、大疆众多知名的创新型企业。

2. 粤港澳大湾区对标东京湾区

21世纪的东京湾区既有首都功能，又有临海优势，得天独厚。特别是20世纪60年代日本新干线的贯通，不仅实现了东京与其他城市的无缝对接，更加速了人口的大聚集，促进了服务业和知识经济的兴起。东京湾位于日本关东平原南部，毗邻太平洋，是一个纵深80余千米的优良港湾，主要由房总半岛和三浦半岛组成，面积约1320平方千米，海岸线全长154千米，周围分布有东京、横滨、川崎、千叶等港口城市。东京湾开发始于17世纪的江户时代，德川家康的填海造地运动为东京湾周边城市拓展空间提供了可能性，东京也因此成为日本最大的物流中心。日本政府于1951年颁布的《港湾法》，明确了整个国家港口发展数量、规模和政策三者之间的关系。1967年颁布的《东京湾港湾计划的基本构想》中提出"广域港湾"的概念，主张各地方港口集体协商对港口群进行规划协调，避免港口之间因费用定价不同而产生的恶性竞争，以最大限度地保障港口群的最大利益。1999年，日本制订"第五次首都圈"基本计划，再次强调了东京作为首都的职能，同时采取制造业外迁的"工业分散"战略，一定程度上解决了东京都的人口膨胀问题。

而粤港澳大湾区的 9 座城市中,深圳、香港金融体系完备,高新技术产业发达。广州、佛山、东莞制造业基础雄厚,澳门旅游业发达,珠海、惠州、江门制定了"工业立市"等各种政策。同时,粤港澳大湾区港口群规模庞大,拥有香港、深圳、广州等世界级枢纽港口及珠海、虎门、惠州、汕头等地方港口。2015 年,这些主要港口的集装箱吞吐量已经达到了 6 856.36 万标准箱,其中广州、深圳以及香港的港口年吞吐量合计可达 10 亿吨。区域内的轨道交通系统、高速路网以及港珠澳大桥和深中通道干线已经覆盖广东全省。湾区内拥有港珠澳大桥、深中通道、广深港高铁、虎门二桥等多项在建区域重点项目;同时拥有广州、深圳、香港等国际航空枢纽和南沙自贸区、前海自贸区、澳门机场等多条水运航线;还拥有深圳港、香港港、广州港 3 个世界级集装箱港口。这些既促进了湾区沿线经济要素的流动,也带动了湾区各城市之间的资源整合。"粤港澳大湾区"的建立,不仅可以实现城市间的优势共享,还可以辐射全国。该区域集聚了大量的财富、金融、创新元素,包括产业资源。

3. 粤港澳大湾区对标纽约湾区

纽约湾区,又称纽约大都市区,由纽约州、康涅狄格州、新泽西州等 31 个县联合组成,面积达 33 484 平方千米。从 19 世纪 80 年代开始逐步发展,如今纽约湾区以发达的制造业和金融业、便利的城际交通、突出的产业优势孕育了众多全球创新潮流的科技企业。距离其不远的格林威治小镇因优惠的税收政策、发达的交通和教育等区位优势吸引了世界 500 多家对冲基金在此落户,成为著名的对冲基金特色小镇。湾区内集聚了大量金融、证券、保险及期货市场的精英,因此也有"金融湾区"的名号。

与纽约湾区相比,我国粤港澳大湾区一是具备较大的经济规模。2015 年,粤港澳大湾区的 GDP 约为 12 400 亿美元(东京湾区大约为 18 000 亿美元，旧金山湾区约为 7 855 亿美元，纽约湾区约为 14 000 亿美元），排在第三位。二是粤港澳大湾区在产业集聚上也极具优势，深圳、香港、澳门、东莞、惠州、佛山等沿海城市的制造业、金融业、高新技术产业均处于全国领先水平，行业之间的互补带动了粤港澳大湾区的协同效应。三是粤港澳大湾区第三产业发展很快，比重已超过 60%，既囊括了以金融、会展、文化创意为主的现代服务业，也包括以新能源、新材料、生物医药为主的战略性高新技术产业，而且在金融方面明显处于引导地位。现在的粤港澳大湾区已经有 70 多家世界排名前 100 位的银行，2015 年深交所 IPO 总金额也有了很大提升，超过了 2 603.48 亿港元，同比增长 13.16%，居于世界领先水平。

二、我国发展粤港澳大湾区的启示

2008 年以来，国家陆续出台了一系列政策支持粤港澳大湾区建设。2016 年 3 月，《国家"十三五"规划纲要》提出"推动粤港澳大湾区和跨省区重大合作平台建设"；2017 年 7 月，粤港澳三地签署《深化粤港澳合作推进大湾区建设框架协议》，协议提出完善创新合作机制，促进互利共赢合作关系，打造宜居宜业生活圈和粤港澳深度合作示范区的规划方案，并提出强化广东作为全国改革开放先行区，提升香港在国家金融、航运、贸易三大中心地位，以及推进澳门建设世界旅游休闲中心的合作目标。

但就目前来看，粤港澳大湾区在发展上与其他 3 个世界级著名湾区相比还存在一些不足。一是城市发展程度还不够，与其他 3 个世界级湾区相比还有差距。目前，世界三大湾区的发展主要是依靠湾区内的中心城市带动周边城市共同发展，在发展过程中，湾区城市占据引导地位。比如在纽约湾区，纽约作为湾区的中心城市，人口和 GDP 的比重均超过 85%；东京都作为东京湾区中唯一的核心城市，云集了 7 个世界著名的港口；而旧金山湾区中的旧金山市是商业和文化中心，圣何塞市是科技和创新中心。但是相比之下，粤港澳湾区所处的珠江口地区却是多级的均衡化态势，各城市没有明确的分工，所以没有很强的聚合力。这10多年以来，如何整合优势资源，落实区域协同发展，一直是粤港澳大湾区需要解决的问题。二是城市融合程度差距较大。由于如何实现奥港澳大湾区内规则、法律、人文交流的一体化以及社会领域信息的便利化，是落实中最大的挑战。这不仅需要粤港澳之间常态化的协调机构的出现，而且需要中央政府的统一协调布局。三是与三大著名国际湾区相比，我国粤港澳大湾区的生态环境质量是其发展的一个突出短板。作为"一带一路"倡议支点和珠三角制造业的核心区域，粤港澳大湾区发展过程中迫切需要推广普及清洁能源、开展湾区清洁计划等保护生态环境的产业措施。有鉴于此，我们可以在借鉴国外著名湾区发展经验的基础上，根据我国湾区建设的特点和需要，探索一条适合中国湾区的发展之路。

（一）增强湾区聚合力，落实区域协同发展战略

1. 要强化城市中心引领辐射功能

湾区中各城市必须做到定位精准，功能明确，分工合理，优势互补。一方面，大湾区应当建设以深圳为核心的"硅谷"创业中心圈，打造香港全球性金融中心，发挥珠三角地区的旅游业优势；另一方面，加强南沙作为广州城市副中心，前海、横琴作为城市枢纽中心的功能，为大珠江三角洲城市群综合实力的提升，以及迈向世界级城市群提供良好契机。可按照城市群发展规律，将南沙、前海、横琴作为珠江三角洲发展的枢纽，尤其要发挥汽车、船舶、海洋工程、光电设备等高端制造业的集聚、辐射和带动作用。

2. 充分发挥港口群的资源整合步伐

由于优越的地理位置和历史原因，粤港澳湾区的港口群较为

密集，已拥有广州港、香港港和深圳港 3 个世界级的集装箱港口，粤港澳大湾区协同发展需设计更加符合粤港澳未来发展趋势的协同机制，并根据现行制度设立区域联动协同中心，进而带动区域经济一体化发展。为提升港口群的竞争力，要加强珠三角港口群的优势互补，创新合作方式，提升港澳台、东盟、泛珠三角区域的资源整合能力，最终形成"错落有致，相互依存"的港口布局特色。

3. 进一步推动湾区内部的基础设施建设

加快内地与港澳交通设施互联互通，构建高效便捷的综合运输体系，集聚高效的港口群、空港群、城市轨道交通网络和现代货运物流，遵循"陆海统筹、协作联动"的思路，加大投入力度，突出重点、分步实施，强调"区域发展社区"和"区域合作与一体化"发展理念，建立更加便捷的跨境交通体系，提高港口通关效率，实现跨境交通一体化发展，提升粤港澳湾区内部的货物运输服务水平。

（二）努力实现湾区规则、法律、人文交流一体化保障体系，发挥粤港澳科技优势

1. 熟悉和了解港澳成功运行的营商规则

发挥前海、横琴和南沙三大自贸区的引领作用，对外商投资实施"准入前国民待遇"和"负面清单"管理模式，促进港澳商业仲裁、调解机制对接，推进前海专业企业和专业人员到南沙、横琴的登记备案制度。通过建立商业服务专职机构，建立企业、商会、行业协会之间相互协调的沟通机制，探索不同法系下处理法律事务的一站式服务。

2. 发掘与融合湾区城市群的人文价值

粤港澳大湾区的城市，自古同属于百越之地，秦始皇统一岭南后，城市归属南海郡管辖。2000多年来，虽然朝代更替，但是

11个城市的人文历史始终密不可分。岭南文化的影响力和辐射力较为深远，包含侨乡文化、饮食文化、曲艺文化和建筑文化等众多方面，因此，粤港澳大湾区的发展应将"岭南文化"作为重要的载体和媒介，配合"一带一路"倡议，开展以"中巴经济文化特色合作园区""自贸特色园区"等形式的合作，在中国与葡语国家之间建立贸易与合作，打造中国文化交流与合作基地，从而促进澳门经济的多元化和可持续发展。同时可建立岭南文化特色小镇，构建全面覆盖、多层次、高水平的公共文化服务体系，建立公共文化服务体系国家示范区，将岭南文化元素融入城市设计之中，实现产业定位、空间规划、历史文化、旅游休闲的有效结合。

3. 建设以科学技术和网络技术为依托的社会中介服务体系

调整社会中介服务模式，强化对服务效能的监察。建立中介服务行业协会，使协会成为加强各中介服务机构交流、增加创新服务机构合作的桥梁和纽带。协会应在推动产业发展和技术创新产业方面具有权威性和代表性。此外，要鼓励高校和科研院所建立创新成果转移和转化机构，从根本上提高创新成果转化效率，更有效地引导中介服务机构与资源型企业在创新成果转化过程中进行合理的效益配置和利益分配，进一步促进创新成果的转化、交易和扩散。

（三）努力提升湾区生态环境质量，出台保护生态环境的产业措施

1. 推进湾区城市群绿化，构建生态保护体系

当前，随着城镇化进程的不断推进，珠三角城市群正逐步崛起，湾区内广州、深圳等大城市人口密集、交通拥堵、空气污染等"大城市病"尤为突出，生态碎片化问题也愈加凸显，因此，亟待推进城市之间的"生态联系"，依托森林、湿地、水系、路网等要素修复城市空间，通过生态廊道建设和城市绿化，串联分散

在城市之间的绿地和生态系统,实现区域自然生态系统的互联互通。同时,应组织开展湾区内部绿色发展水平评价,支持珠三角内"两屏"(北部连绵山体森林生态屏障和南部沿海绿色生态防护屏障)区域生态保护区建设,增强自然生态系统的可持续性和生态系统服务功能,形成集体决策、分工明确的实施机制,加强土地管理,改善和保护海岸带规划区生态环境,加强海洋灾害预警和应急响应,提高海洋资源的利用和管理水平,并根据粤港澳大湾区资源禀赋和城市发展水平,建立不同的发展模式。

2. 立体推进生态环境建设

可在政府的支持下建立以民间组织为基础的海洋生态联系治理委员会、空气生态治理委员会,同时将城乡污染治理及环保产业纳入绿色通道,减少城市中的污水排放问题和碳排放问题,限定城市生态环境发展规模,控制海岸带开发强度,科学发展土地,减少沿海生态环境压力。要广泛发展新兴产业和开展规划环境评测,从政策制定和规划阶段两方面考虑环境因素。

3. 推进产业生态化转型升级

出台产业结构调整"负面清单",树立行业准入门槛,关闭对资源和能源依赖性强的企业。提升优势传统产业工艺设计和创意水平,增加附加值,延长产业链,促进传统产业向高端产业转型,进一步优化资源密集型产业的能效水平。加强城市区域合作,把握大数据、云计算和新科技革命带来的机遇,推动智慧城市的建设,在产业转型、科技创新等方面加深外资企业和中资企业的紧密合作,引领新兴产业的商业模式创新。

(四)构建汇集国际金融资本和人才的体制机制

1. 巩固和发展广东省改革开放先行区的重要地位

加强与香港和澳门的合作,促进国际贸易和投资发展,吸引跨国企业总部落户,汇聚国际金融资本和人才。探索适用于粤港澳三地的模式，成立"湾区合作银行"及"基础设施投资基金"。未来粤港澳湾区范围不断扩大时，还可以通过沿珠江口的多个重要城市形成合力，成为面向海洋经济的国家战略支点，共同推动城市发展基础设施、公共服务等。

2. 强化香港国际金融、航运、贸易的核心地位

要培养金融与科技的融合性人才，把 IT 人员加入每个创新项目中，真正做到金融与科技的人才融合。深化落实"沪港通""深港通"等重要举措，发挥香港离岸金融中心和财富管理中心的重要地位。把握经济全球化和区域合作的机遇，促进当地人员的创新和创业，借助 CEPA（《内地与香港关于建立更紧密经贸关系的安排》），让更多的香港商品进入内地时享受到零关税的优惠，巩固香港国际贸易中心地位，并开展"跨境一锁"合作试点和"一地两检"通关业务，提升通关效率，优化中转货物的原产地管理，实现内港合作、报关申报数据的信息共享。

3. 出台人才引进政策，促进科技成果转化

可采取分类考核评价、人才生活保障等多个方面的实施细则，着力推动建立更加开放的人才集聚制度，为全球科创中心建设提供坚强的人才保障和智力支撑。为加强粤港澳地区对全球高端学者和优秀科研人才的吸引力，政府一方面应提升对外来人才的股权激励比重，破除科技人才在企业和事业单位之间双向流动的制度障碍；另一方面可以将经费通过增量津贴的方式补助给现有人才，鼓励他们去从事更多的创新活动，以调动科研人员的积极性和自主性。

4. 成立众创空间、孵化机构等，推动科技中介朝着多样化的趋势发展

要依托国际自主创新示范区建设，充分发挥粤港澳科技优势，培养科技金融复合型人才，对科技人员进行知识催化。同时，多

层次资本市场助推科创中心建设，在 PE、VC、产业基金、并购基金直投方面推动科技创业企业的成长和发展，为他们搭建桥梁。可以在深圳建立战略新兴板块，促进知识产权交易，全方位为科技型创业提供投融资和一系列服务。推动金融中心发展，搭建科技金融平台，让各种金融机构踊跃参与。

粤港澳大湾区的发展既有利于推动内地与港澳之间建立互补互利、共同发展的经贸合作关系，也响应了"一带一路"倡议带来的发展机遇，为加快跨境企业的集聚和投融资创造了良好的营商环境。

三、总结

结合上文，对我国湾区经济的发展提出以下理论思考和建议。

（1）以开放促发展。湾区经济应该继经济特区之后，成为中国经济发展的区域引擎，充分发挥其扩散效应，辐射和带动腹地地区的对外开放和共同发展。

在过去 40 年的改革开放进程中，经济特区、经济技术开发区等率先开放的地区依托国家政策在我国区域经济发展中发挥着重要的引领作用。在新的历史条件下，自贸区经济、湾区经济，尤其是湾区经济，作为新的开放模式和发展理念，应当依托市场经济的制度优势成为我国新一轮对外开放和经济发展的区域引擎。同时，加快区域协同发展的体制机制和交通基础设施建设，尤其是加快湾区与腹地的高铁建设，实现快速通达，疏通要素资源向腹地转移的渠道，形成湾区经济引领、湾区与腹地协同发展的区域经济良性发展格局。

（2）以开放促改革。湾区经济应该具有特区、自贸区的叠加效应，从而担负起深化改革的历史使命，通过推动更高层次的湾区经济对外开放促进市场经济制度的完善和创新。

应以规划建设粤港澳大湾区为契机，充分发挥特区、自贸区的叠加效应，充分借鉴世界一流湾区经济的发展经验，重点推进制度创新，形成可复制、可推广的制度经验，以湾区经济对外开放促进和深化市场经济制度改革，反过来以深化改革和制度创新推动我国的对外开放从政策开放向制度开放转变、从外向型经济走向开放型经济，从而形成对外开放和深化改革的良性互动。

（3）湾区经济应该以正的溢出效应和要素集聚效应促进跨国界区域合作体的形成，从而改变中国在传统世界经济体系中的地位，确立共享繁荣的国际经济新秩序。

加强湾区经济之间和湾区经济城市群内部的交通联系，加大湾区经济核心城市与"一带一路"内陆城市之间的交通基础设施建设力度，实现互联互通和快速通达。以湾区经济的核心城市为结点，形成"一带一路"的"开放主轴"，发挥湾区经济强大的规模经济效应和辐射效应，利用好湾区经济内联外延的国际化平台功能，形成与"一带一路"倡议的深度对接，促进"一带一路"倡议的成功实施和跨国界区域合作体的尽快形成。

（4）湾区经济应该成为吸引国内外高端人才的政策特区，以自由、宽松、开放的制度-文化环境为世界提供中国机会，也应该成为科技研发的高地、高科技产业的集聚地和科技创新的沃土。

世界三大湾区具有发达的交通网络、优越的生态资源和良好的营商环境，是高端人才和科技创新的集聚地。我国三大湾区应该制定具有全球吸引力的人才政策，完善法制保障公平、自由竞争的市场环境，形成开放包容的文化氛围，以自由、宽松、开放的制度-文化环境为世界人才提供中国机会，吸引国内、国际人才高度集聚。加大科技投入，完善科技政策，打造集创意、投资、开发、生产、推广于一体的完备创新链、产业链和供应链，政府在引进大学、科研机构等教育资源的同时，应大胆推进制度创新，形成产学研高度融合、科研成果快速转化的体制机制。使湾区经济成为科技研发、科技创新和科技产业的聚集地和人才、资金、技术等创新要素资源的集聚地，成为"大众创业、万众创新"的沃土和引领世界科技发展方向的中国"硅谷"。

（5）湾区经济应该成为国家对外开放和经济发展的重要战略，通过加强顶层设计和规划，推动我国湾区经济的快速发展。

提升湾区经济在国家开放和发展战略中的地位，对标世界一流湾区经济，以完善交通基础设施、提升人力资本水平、深化市场经济改革为着力点加快我国湾区经济的规划和建设，逐渐将粤港澳大湾区、上海杭州湾区和环渤海湾区逐步建设成比肩旧金山、纽约、东京湾区的世界一流湾区经济；加快厦门泉州湾区、北部湾、莱州湾、辽东湾的规划和建设，使之成为区域经济发展的引擎和对外开放的平台，引导全国新一轮的对外开放和经济发展。

第五章　基于供应链理念的港口物流发展策略

基于正确的发展理念指导实践开展，能够起到事半功倍的效果。我国学者认为供应链是通过计划、获得、存储、分销、服务等这样一些活动而在顾客和供应商之间形成的一种衔接，从而使企业能满足内外部顾客的需求[1]。其本质是由物料获取并加工成半成品或成品，再将成品送到用户手中的一些企业和部门构成的网络[2]。港口既是湾区中的一个经济区域，也是陆海交错带物流过程中的一个节点。根据供应链的定义，港口物流可以认为是以建立货运中心、配送中心、物流信息中心和商品交易中心为目的，将运输、仓储、装卸搬运、代理、包装加工、配送、信息处理等物流环节有机结合，形成完整的供应链，从而为用户提供多功能、一体化的综合物流服务[3]。

那么，基于供应链理念，发展港口物流不仅能够有效地实现湾区物流的基本服务，而且随着港口物流供应链的建立与完善，由此带来的港口经济发展还将成为引领湾区经济发展的一个经济增长级。

本章先探讨提高港口物流企业竞争力的方法和措施，然后利

---

[1] 陈国权. 供应链管理[J]. 中国软科学，1999（10）：101-104.
[2] 迟晓英，宣国良. 正确理解供应链与价值链的关系[J]. 工业工程与管理，2000（4）：29-32.
[3] 徐金伟. 港口物流发展研究[J]. 世界海运，2004（2）：31-32.

用有效机制选择港口供应链合作伙伴，接着提出港口物流供应链功能的拓展方向、内容和措施，最后基于数字化时代背景提出建设港口物流服务供应链信息服务平台。

第一节 提高港口物流企业的核心竞争力

北部湾港港口物流企业的竞争力是多种多样的。鉴于北部湾港港口物流企业自身资源有限性，要提高港口物流企业核心竞争力，首先应该准确识别自身的港口核心竞争力要素，然后采取多种手段构建北部湾港港口的核心竞争力，并不断创新发展才能持续保持领先的竞争优势。

一、准确识别港口物流企业核心竞争力要素构成

在企业竞争力研究中，那些企业特有的，足以胜过对手的市场预测、研究开发、市场营销、加工制作、经营决策、品牌战略、企业文化、战略管理以及企业的产品升级、制度创新等一系列的关键程序、能力、资源、机制均可看作是企业核心竞争力的构成要素[①]。对港口物流企业而言，其核心竞争力复杂多样，识别其核心竞争力非常困难，因此需要采用适当方法、原则和途径来识别港口物流企业的核心竞争力。

为了能够准确识别北部湾港港口物流企业的核心竞争力，首先应该树立提升核心竞争力的基本理念。因为企业竞争力决定链条是理念—制度—技术—产品—市场，树立核心竞争力意识，是识别企业核心竞争力的前提条件（张新华，范宪，2002）。由于北

---

① 张新华，范宪. 识别、构建和保持企业核心竞争力[J]. 复旦学报（社会科学版），2002（5）：106-111.

部湾港港口整体比较落后，更应该基于"一带一路"倡议加快建设背景，把握好东盟和国内广阔的市场空间，强化培育核心竞争力意识，尽早构建企业核心竞争力，否则等到众多竞争对手进入市场，发展的压力将越来越大。

其次，要把握核心竞争力在精不在多的原则。一般而言，一个成功的组织，它的核心能力一般是 2~5 种，而不会是 25 种或 30 种。对此，建议广西北部湾国际港务集团还有集团下属各企业不断凝练自身优势，梳理出一套层次分明、结构合理、重点突出的核心竞争力支撑体系。

再次，明确港口物流企业核心竞争力的参数。在地方政府的支持下，广西北部湾国际港务集团成立以来，发展迅速，已经由单一的港口企业发展成为综合性港口集团，业务板块涵盖港口、物流、工贸、地产和投资 5 个方面（详见表 7-1），目前拥有较多的资源条件和发展实力。但这并不意味着这种状态在市场竞争中已经占据优势，且可以一直持续。因为在全国企业 500 强排名中，上海国际港务（集团）股份有限公司一直领先于广西北部湾国际港务集团。与此同时，根据中国港口网公布的资料，上海港港口竞争力在全球 3 000 多个港口的综合竞争力评估中排行前十，以绝对优势高居全国第一，而北部湾港在全国排名不仅靠后，而且还要面对越南、泰国、印度尼西亚等东盟国家港口的竞争。然而，要准确评估北部湾港口的核心竞争力，并非很容易地就能找到一套标准可以衡量和判别，需要深入分析港口企业的核心竞争构成参数。就目前来说，需要调查研究北部湾港口相对其他港口有哪些它们难以模仿和追赶的技术特长，或梳理出港口可以给企业客户提供的强势产品和优质服务。本研究发现，对北部湾港港口而言，目前可以重点关注科技研发能力与水平、港口资源丰裕度与开发的低成本、临近东盟市场的区位优势等参数，可以作为判别北部湾港口如今是否具有核心竞争力的参数。

表 5-1　广西北部湾国际港务集团的主要业务

业务板块	主要内容
港口	广西北部湾港是中国西南出海大通道的主门户，港区分布科学合理，服务功能齐全
物流	构建腹地货源物流网络，布局多式联运物流网络，优化物流节点，为客户提供全程供应链解决方案
工贸	依托集团物流和产业优势，引进并参与临港工业项目，打造专业的贸易体系，实现港—工—贸联动
地产	围绕集团现有土地进行开发，为港区老码头商业化改造和集团园区土地开发运营提供支撑
投资	对集团参股投资业务进行管理，稳步推进海外投资特别是东盟国家的投资

资料来源：北部湾港集团官网，http://www.bbwgw.com/cms/category/23.dhtml。

最后，要优化北部湾港港口核心竞争力的识别程序。① 对比国内其他港口的情况，分析北部湾港口自身的各种竞争力。② 选择适合高效的识别方法——这些方法常见的有市场调查法、专家打分法、综合评价法等，从北部湾港港口竞争力中寻找出支配北部湾港港口企业创新发展的主要资源和专门技术。这一过程需要注重识别结果的评估与修订。③ 将北部湾港港口企业的重要工作制成流程图，以便发现港口企业目前具备的实践经验、重要资源和专门技术。因为对这些要素进行整合，才是构建北部湾港港口企业核心竞争力的关键。

二、建设高效机制推动港口物流竞争力各要素合成发力

从供应链视角，港口物流竞争力提升应该是运输、仓储、装卸搬运、代理、包装加工、配送、信息处理等物流环节的有机结

第五章 基于供应链理念的港口物流发展策略

合，以整体服务能力提升为客户提供低价高效的物流服务，从而获得市场认可，形成其他企业难以取代的市场地位。只不过打造这条供应链实现竞争力的提升，需要各环节相关利益方的共同参与，才能使价值链背后的竞争力要素形成合力，从而促进港口物流企业核心竞争力的提升。广西北部湾港经过近几年的开发建设，内部体制机制逐步完善，港口物流基础设施、通航条件、港口物流信息服务都有很大提升，特别港口周边的生活性服务业，还有产业园区都在快速发展，为北部湾港港口竞争力的提升提供了前期基础。但目前北部湾港港口物流各环节之间的衔接还处于较低水平，突出表现为信息化、智能化水平还不高，其根本原因在于缺乏港口物流企业竞争力各要素合成发力的机制还有待完善。

就推动港口物流发展的力量来源而言，有 3 种主要力量在发挥作用，分别是：各级政府；来自市场中提供物流服务的相关企业；物流服务的需求方。在市场经济中，市场中消费者根据自身消费需求和购买体验，对港口物流企业提供的服务进行选择，结果有些企业善于经营获得消费者认可存活下来，并且不断壮大，而有些则被市场淘汰出局。换句话来说，这个过程背后蕴含的含义是，在既有机制下，有些企业具有持续竞争力得以持续发展，有些由于没有构建自身的核心竞争力而经营失败。只不过，当我们从湾区经济发展视角来看港口物流发展时，只要北部湾港港口物流企业集群或者港口物流供应链的整体服务水平有所提高，那么相对而言，北部湾港港口的竞争力将会得到提升。

那么，针对市场经济中港口物流企业核心竞争力提升的需要，地方政府应该发挥政府宏观调控作用，引导港口物流供应链利益相关方相互合作，形成高效机制推动北部湾港港口物流竞争力各要素合成发力。对此，一要高水平制定湾区港口物流发展规划，向市场释放促进港口物流合理布局，从而引导市场力量，根据自身资金实力和战略布局，进入北部湾湾区投资发展。二要优化湾区营商环境，利用市场机制，促进北部湾港港口企业竞争力要素自发合成。在这个过程中,特别需要注意市场发挥作用的前提条件,就是北部湾湾区要加快优化自身的营商环境,在法律法规制定、工商行政管理、征税监管、质量检测、信用体系建设等方面加速改进以往官本位的思维,从顾客角度审查各项政府职能和工作流程。也只有在此前提下,港口物流企业才能基于价格机制,评估各项投资的成本与收益,做出投资决策。至于市场环境中,由于市场信息不对称、不完全带来的物流企业投资决策可能出现风险,从某种角度,管控风险较好的企业是其企业竞争实力强大的体现。三要营造社会舆论,引导物流需求方加快消费转型升级,为港口物流企业打造竞争力提供高水平预期。国家竞争优势理论认为,极致的市场需求是形成国家竞争优势的一个重要因素,因为市场中存在挑剔的顾客,会迫使企业不断提升自己的经营能力,提供优质的产品或服务,从而赢得消费者认可。在北部湾湾区经济发展中,一直都存在规模庞大的物流服务需求,只不过目前由于地区经济发展水平低,人们收入水平不高,物流服务消费的要求不高。因此,要利用现有新媒体,在全社会引导整个湾区居民产生各种个性化、信息化、智能化、及时高效的物流服务需求,倒逼港口物流企业加快改善自身服务。

三、鼓励企业创新发展保持核心竞争力

市场竞争中,企业是最主要的参与主体,也是在竞争中胜出后的直接获益者。因此,企业具有主动参与市场竞争的动力。只不过,也要承认,由于市场环境中存在的信息不对称、信息不完全问题,企业也会因未能准确把握机会或者不能很好地处理经营风险,就直接成为市场竞争中的失败者,致使市场中的企业不愿主动创新发展和转型升级,选择保守经营,固守原来的市场地位。对于那些不愿创新发展的企业,自然不利于北部湾港港口竞争力的提升,也势必不利于北部湾湾区经济发展。因此,鼓励港口物流企

业通过自身努力，提升企业核心竞争力，对湾区经济发展至关重要。

就目前来看，北部湾湾区范围内，得益于国家的"一带一路"倡议，西部陆海贸易新通道建设，还有广西壮族自治区出台的诸多政策，已经蓬勃发展的互联网经济，这些对北部湾港港口提升核心竞争力，实现做大做强提供了良好的外部发展机遇。需要注意的是，企业才是市场竞争的主体，也是湾区经济发展的核心力量。因此，一方面，需要政府采取有力的鼓励措施促进湾区港口竞争力提升。比如在北部湾湾区港口物流企业中，围绕港口物流供应链建设，就运输、仓储、装卸搬运、代理、包装加工、配送、信息处理等领域，选择企业规模大、市场份额高、市场增长率快等若干企业进行重点跟踪服务，鼓励龙头企业或领军企业采用合并或重组方式，兼并收购相关企业，打造北部湾港港口物流企业集团参与国际港口物流竞争力。同时，还要进一步完善资本市场为港口物流企业提供投融资服务，继续推进减税降费，组织各类面向港口物流企业的人力资源专题培训等。特别是针对一些高新技术企业和重点企业，对企业在航线开发和技术改造方面给予适当的财政补贴。另一方面，加强企业自身管理，准确预判市场行情，优化生产流程，持续改进经营方式，特别注重与供应链上下游企业之间的合作，形成合力参与市场竞争。

第二节　建立供应链合作伙伴选择机制

在港口物流供应链上，对应的是相关物流服务的价值创造。在港口竞争中，要实现供应链创造价值的最大化，将最优秀的企业吸引组成高效的供应链是不二选择。本节将探讨供应链合作伙伴的益处，然后提出建设港口物流供应链的建设方案和优化合作机制对策。

一、准确把握供应链合作伙伴对推动港口物流发展的重要作用

现在,学术界和企业界越来越强调供应链合作伙伴通过合作最大限度地提高用户满意水平,通过增加产品的价值将"蛋糕"做大,达到"双赢"。并认为,与精心挑选的少量供应商和分销商建立合作伙伴关系之后,供应商、制造商和分销商通过协商来解决产品设计、生产、零配件的供应以及销售和配送中的问题,将使各方都受益[①]。

与制造企业主导的供应链不同,港口物流供应链构建的目的在于提供一体化的综合物流服务,是一种服务型供应链。这种类型的供应链由供应商(货主)、运输商(船公司、陆上运输公司)、港口运营商、分销商、消费者(客户)等构成。由于供应链没有制造环节,因此服务型企业将主导供应链核心企业。另外,港口物流供应链是以契约的形式整合核心资源,关键在于功能的集成而不在于对资源的占有[②]。因此,要构建多方共赢的北部湾港港口物流供应链,首先应明确,北部湾港港口物流供应链的合作伙伴将是一种基于契约的合作方式,各方不是"你死我活"的竞争关系,而是一种面对市场波动时的弱合作关系,对此,选择良好的合作伙伴对港口物流供应链功能的发挥至关重要。另外,各方在签订合作契约的基础上,需要发挥各自的功能,高效协同,为客户创造价值,提升客户满意度,将市场蛋糕做大,共同获益。

---

① 马新安,张列平,冯芸.供应链合作伙伴关系与合作伙伴选择[J].工业工程与管理,2000(4):33-36.
② 顾波军.港口物流供应链及其柔性化运作机制研究[J].科技管理研究,2011,31(3):120-124.

二、高水平供应链合作伙伴选择机制的建设方案

建立高水平的北部湾港港口物流供应链合作伙伴选择机制，首先，应明确合作伙伴选择机制的建设思路。即以客户需求为导向，在市场机制的引领下，以整合供应链上下游企业、运输商、业务外包方等合作伙伴功能为主线，加强与港口行政管理单位的沟通联系，实现港口物流供应链合作伙伴之间的合作共赢。

其次，坚持高标准、严要求、促发展的合作伙伴选择原则。因此，只有高标准，才能保证供应链各环节提供的是高水平、高质量的物流服务；只有严要求，才能确保每个合作伙伴，严格做好管理，主动加强与其他港口物流供应链合作伙伴的合作；也只有坚持促发展，才能使合作伙伴感觉到参与港口物流供应链建设的价值和获得期待的利益。

最后，选择有效的合作伙伴选择机制建设路径。一般而言，关于企业合作伙伴的选择，存在3种常见的方式：企业自主选择；委托第三方机构开展调查研究后，由第三方推荐企业采用；来自政府方面的督促和安排。前面两种更多的是市场机制在发挥作用，这种合作伙伴的选择机制主要是：在选择供应链合作伙伴时，企业为了能够更好地参与市场竞争，利用企业管理实践经验，或委托第三方咨询服务机构，对合作伙伴进行各项评估后做出选择。第三种合作伙伴的选择机制具有一定的被动性，不是基于企业行为收益最大化做出的安排，更多时候是政府出于特定目的而推进的一种行政安排。这种合作伙伴选择机制能够得到优秀合作伙伴的前提是，提出这种企业行为要求的政府是一个有作为的政府，而不是政治家出于政治目的而发布的不恰当行政指令。本研究认为，北部湾港港口物流企业要实现真正意义上的可持续发展，最终还是要选择以市场为主导的港口物流供应链合作伙伴选择机制。当然，我们不并非否定政府在其中可以发挥的作用，特别是

在现阶段，由于市场难以克服信息滞后的缺陷，北部湾港口物流供应链提供的物流服务还相对落后于消费者对高质量物流服务的需求，这就需要政府发挥主动作用，引导各种资源进行合理配置。换句话说，就是相关港口管理部门应该主动搭建平台，引导港口物流供应链中的供应商（货主）、运输商（船公司、陆上运输公司）、港口运营商、分销商、消费者（客户）更好地沟通，在市场机制作用下相互选择，形成高水平的北部湾港港口物流供应链合作伙伴关系。

三、不断推进供应链合作伙伴选择机制的优化

如前所述，由于市场难以克服的信息不对称和不完全问题，有一些港口物流企业没有意识到自己的服务能力和水平已经不能满足消费者对高质量物流服务的需求，特别是对于一些具有国有性质或公有成分的企业，缺乏主动创新发展和做大做强的动力。因此，完全依靠市场来推进北部湾港港口物流供应链合作伙伴选择机制的优化是不切实际的。面对这种情况，就需要北部湾湾区相关管理部门优化营商环境，同时要求港口物流管理部门进行适当的引导，加快促进北部湾港港口物流供应链企业开展合作。

从长期来看，北部湾港港口物流供应链合作伙伴的选择机制最终还是以市场为主，为此，就需要从以下几个方面做好布局：一是从自治区层面出台加快北部湾港港口物流供应链建设的实施意见，为市场参与主体选择合作伙伴开展港口物流供应链建设提供政策依据。二是要加快国有企业市场化改革，鼓励民间资本参与国有企业的项目合作，乃至兼并重组。三是进一步完善北部湾湾区的营商环境。因为营商环境的优劣直接影响企业的设立和经营状况，并对其经济发展、财税收入、就业状况等产生重要影响[①]。

---

① 丁向群. 在优化营商环境上下更大功夫[DB/OL]. 人民网-人民日报，http://opinion.people.com.cn/n1/2019/0611/c1003-31128411.html.

按照世界银行构建的营商环境指标体系,评价营商环境的指标大致可以分为两类:一类指标反映监管过程的复杂程度和费用支出,包括开办企业、施工许可、产权登记、纳税等方面的便利程度;另一类指标反映法治保障程度,包括投资者保护、合同执行、破产办理和劳动力市场监管等。因此,上述这些关键要素就应该成为北部湾湾区相关管理部门开展营商环境优化的着手点,对此,就要加快筛查目前哪些方面还做得不到位,哪些要素已经严重影响本地区企业的经营发展,然后加以持续改进,从而不断促进港口物流企业在推进物流供应链合作伙伴选择时的便利化与法制化。

第三节 拓展港口物流供应链功能

随着经济全球化和信息化水平的不断提高,港口物流服务也开始面向全球客户,而且客户的需求也愈加挑剔。因而,北部湾港港口物流应顺应时代发展趋势,在做精做优传统功能服务基础上,利用现代技术拓展新的港口物流供应链功能。

一、对标高水平湾区明确港口物流供应链的功能体系

按照全球物流发展的要求,现代港口已经从纯粹的运输中心(运输+转运+储存),发展成为配送中心(运输+转运+储存+装拆箱+仓储管理+加工),再发展为如今的综合物流中心(运输+转运+储存+装拆箱+仓储管理+加工+信息处理)。随着全球综合物流服务的发展,现代港口的功能将更为广泛,朝着全方位的增值服务的方向发展,成为商品流、资金流、技术流、信息流与人才流汇聚的

中心[①]。而基于全球供应链管理模式，港口功能的拓展将是以港口为中心的配送管理模式、增值服务模式和港口经济腹地的辐射模式[②]。因此，从供应链视角看，现代港口的功能本质上就是港口物流供应链功能在港口发展的作用体现。

一般来讲，港口物流供应链主要有两类功能：物流功能和商流功能。供应链的物流功能是指以最低的成本将原材料加工成零部件、半成品、产品，并将它们从供应链的一个节点运送到另一个节点；供应链的商流功能是指对市场需求做出迅速反应，确保以合适的产品在合适的地点和时间来满足顾客的需求[③]。对于北部湾港港口物流发展而言，需要借鉴国内先进地区港口物流发展经验，深入探索如何拓展港口供应链的物流功能和商流功能。

就目前来看，粤港澳大湾区是国内发展水平最高、发展速度最快的湾区，湾区范围内的深圳港口则是世界领先的国际大港口。无疑，深圳港口可以作为北部湾港口的对标对象。其实，早在"十五"期间，深圳就在全国率先提出大力发展现代物流业，开始建设6个园区，并分别进行定位和确定园区功能。其中，两个物流园区（西部港和盐田港），是直接为港口服务的国际物流园区；一个（华南园区）是直接为陆路、海路口岸提供国际物流中转服务的物流园区；航空港物流园区是提供空运国际物流服务的物流园区。届时，深圳港口的物流园区和运输、仓储、配送等相关领域就可实现EDI和物流信息共享，全面实现报检、报关、报税电子化[④]。现在的深圳港口物流供应链功能已经不再局限于传统的物流

---

① 王国文. 全球物流发展趋势与港口功能转变——深圳案例经验分析[J]. 港口经济，2003（2）：45-47.
② 余兴源. 基于全球供应链管理模式的港口功能拓展[J]. 中国港口，2002（12）：25-26.
③ 佚名. 供应链主要有什么功能？[DB/OL]. 智慧流通网，https://www.56135.com/56135/know/knowdetail/232704.html.
④ 王国文. 全球物流发展趋势与港口功能转变——深圳案例经验分析[J]. 港口经济，2003（2）：45-47.

装卸、仓储和配送功能，已经可以提供"运输+转运+储存+装拆箱+仓储管理+加工+信息处理"功能，并能够辐射港口腹地，成为带动粤港澳大湾区经济发展的重要支撑。通过上述对深圳港口的分析，北部湾港港口的物流供应链功能也应朝着综合服务方面发展，构建区域服务网络，发展综合物流服务功能，增加与腹地经济联系。通过提供多元化服务来挖掘"第三利润源泉"，开发包装、流通加工、储运、配送、免税自由贸易等物流功能，提供融资、报关、商检、货物保险、风险规避、信息交流、专业人员培训等增值服务，以提高综合物流服务水平[①]。

二、多方合力加快拓展港口物流供应链功能

要提升北部湾港港口物流供应链功能，不应该只是政府部门的一厢情愿，也不是个别企业的单打独斗，需要海关、税务、工商、质检等政府部门，还有物流企业、行业协会、消费者共同参与。对此，在政府层面，应该建立专门的机构，负责定期召集银行、海关、商检、保险、税务、工商、物流企业等单位开展会晤交流，根据各部门提出的发展诉求和面临的问题，组织力量开展专题调查，然后形成拓展北部湾港港口物流供应链功能的实施意见，并提交上一级机构审议，争取在自治区政府层面形成一致意见并形成政策文件。这样才能推动各级部门加快办结港口物流发展的相关事务，也能吸引更多的社会资源流向北部湾湾区和港口物流供应链建设。

在企业层面，应该密切关注物流行业发展趋势，主动对接政府倡导的港口物流建设项目，如钦州、北海和防城港三市的临港物流园区，北部湾物流信息服务平台，中国—东盟港口城市合作网络建设等项目。同时，港口物流企业也应该不断完善自身的内

---

① 佚名. 什么是港口供应链[DB/OL]. 港口物流服务供应链，https://wiki.mbalib.com/wiki/.

部管理，做好市场预测，强化战略管理，专注营销策划，做优物流服务，通过提升企业自身的综合实力，以吸引外部资源与企业共同开发港口物流服务项目，实现产品、服务的持续升级和功能提升。

在物流协会层面，应该发挥作为协会成员之间联系纽带作用，多举办一些正式和非正式的会员活动，旨在促进港口物流供应链成员之间的信息交流。因为许多市场机会是在相互交流中发现的，也有许多合作项目是在不经意间的一次协会活动中达成的。其背后的经济学含义在于通过协会成员之间的交流，减少信息的不对称问题，以最大限度地获得更多市场信息，这将为北部湾港港口物流供应链拓展服务功能提供思路和方向。当然，物流协会所具备的能力不仅局限于组织内部活动，物流协会更应该成为行业对外的代言人，需要主动向政府和社会传递港口物流企业的声音，争取社会各界的支持，从而形成合力共同推动北部湾港港口物流供应链功能的拓展与提升。

第四节　建设港口物流服务供应链信息平台

区别于产品供应链，物流服务供应链是一种在产品供应链上为各成员提供物流服务的企业出于降低风险、提高物流效率、排除浪费等因素而以某一物流服务单位为核心，集成链条中合作伙伴的优势资源，围绕各种物流资源的快速整合来满足顾客需求的模式[①]。物流服务供应链涉及3个主体：整合外部物流资源的物流服务集成商、第三方物流企业的功能型物流服务供应商、客户企业。其中，集成商与客户企业之间的战略合作伙伴关系，是一种长期物流服务采购/供应商关系，集成商主要负责各项物流活动的

---

① 闫秀霞，孙林岩，王侃昌. 物流服务供应链模式特性及其绩效评价研究[J]. 中国机械工程，2005（11）：969-973.

整合、协调和控制,使整个供应链达到最优。供应商主要是运输、仓储、配送以及其他传统的物流公司,为集成商提供专业化的物流服务,是物流活动的最终执行者[①]。

随着信息技术的不断发展,物流服务供应链各环节产生的数据能够转换为计算机可以识别的信息。在此基础上,如果能够通过网络将众多物流信息、产品信息、资金、商业信息进行整合,再使用云计算对数据进行分析,将会产生巨大的商业价值。因此,建设港口物流服务供应链信息平台,将港口物流企业的物流、资金流、信息流、商流进行整合,然后为更多的企业提供信息与增值服务,实现从原材料到商品整个供应链过程的最优化和资源共享[②],对北部湾港港口物流发展起到重大的推动作用。

一、充分挖掘港口物流服务供应链信息平台的建设条件

进入数字化时代,港口物流服务供应链建设面临着新的发展形势。主要表现在:用户需求的个性化和多样化越趋明显;基于互联网的信息交流已经非常广泛;以大数据和云计算为代表的信息技术不断出现和快速更新;以怡亚通为代表的综合性大型供应链信息平台正在快速发展。在这样的发展新形势下,建设北部湾港港口物流服务供应链信息平台,一方面需要运用相关技术才能实现;另一面需要争取政府部门的支持,大力挖掘本地资源,加快物流供应链信息化建设,以跟上大型供应链信息平台的发展步伐。

在技术研发和投入方面,相对而言,北部湾湾区缺乏信息技术研发和产业化运用能力,还难以独立建设高端港口物流服务供

---

① 李晓萍,王亚云. 基于区块链技术的物流服务供应链信息平台构建[J]. 物流技术,2019,38(5):101-106.
② 刘森,胡亚男,钟淑琪,杨丹. 供应链信息服务平台研究——以怡亚通为例[J]. 物流工程与管理,2019,41(2):89-91.

应链信息平台。对比来看，现有的诸多互联网应用技术、信息通信技术、无人驾驶、智能机器人技术主要集中在高科技企业云集的京津冀、珠三角和长三角地区，这些地区制造业的发展以及催生出来的"智慧物流+互联网"，其背后都有国内最高水平的研究机构、高等院校源源不断地为这些地区和行业提供技术支持和人才支撑。在这种条件下，要想加快构建北部湾港港口物流服务供应链信息平台，要想实现弯道超车，就需要联合国内高科技企业开展项目合作，这方面可以主动联系华为、京东、腾讯、阿里巴巴、百度等国内比较著名企业开展合作，利用这些企业在5G通信技术、智能物流、云计算服务、电子商务、区块链等方面的技术优势，优化北部湾港港口物流企业的服务流程和利用大数据的能力。

在人才队伍方面，现代物流已经逐渐向智能化、无人化方向发展，未来的港口物流服务供应链也将更多依靠物流网和智能设备主动识别、抓取物流信息，然后利用机器设备完成货物的分拣、包装、装卸和运输等操作。这个过程将不再需要低技能的劳动力，而是需要能够读懂机器语言和熟练操作机器设备的高水平物流人才。然而，目前北部湾湾区还不能大量培养这方面的高技能应用型人才，这就需要大力引进国内外高素质、高层次的物流供应链开发和管理人才，同时依托北部湾湾区相关院校，扶持这些院校开设相关专业和建设高水平的实践平台，加快培育本地人才队伍。

在资源投入方面，数字化时代的港口物流服务供应链信息平台最重要的是大数据资源。大数据已经是现有产业升级与新产业诞生的重要推动力量。采用大数据处理方法，一些行业的生产流程会发生革命性的变化，可以通过数据处理能力极高的计算机并行处理，同时进行大批量的仿真比较和筛选，大大提高科研和生产效率，甚至使整个行业迈入数字化与信息化的新阶段[1]。但是，

---

① 李国杰，程学旗. 大数据研究：未来科技及经济社会发展的重大战略领域——大数据的研究现状与科学思考[J]. 中国科学院院刊，2012，27（6）：647-657.

利用大数据资源推动港口物流服务供应链信息平台建设面临的一个重要问题是，跨领域跨行业的数据共享仍存在大量壁垒，海量数据的收集，特别是关联领域的同时收集还存在很大挑战。并且只有跨领域的数据分析才更有可能形成真正的知识和智能，产生更大的价值[1]。为此，这就需要从政府层面推动众多关联单位的数据共享。对此，首先应该推动港口物流服务供应链内部的物流服务集成商、功能型物流服务供应商、客户企业之间的数据共享；港口物流服务供应链与海关、商检、银行、税务、公安、交通运输管理等机构和部门之间的数据共享。在上述信息化及形成可共享的大数据后，港口物流服务供应链信息平台才具备基本的资源条件。

二、高质量港口物流服务供应链信息平台的建设模式

高质量的港口物流服务供应链信息平台的最终建设形态应该是可以将物流服务集成商、功能型物流企业和客户企业连接成一个网络，系统内任意两个节点都能进行物流服务信息的共享、沟通及流程衔接，利用智能合约实现物流服务流程智能化，提高信息共享效率和服务透明度，在不确定的环境下构建一个互信共赢的物流服务供应链生态体系[2]。只不过要建设这种高水平的港口物流服务供应链信息平台，面临一个重要问题，是依托某一个北部湾湾区港口物流龙头企业自建，还是选择类似于怡亚通这种现有的第三方平台，还是通过政府引导，以市场化机制由多方合作共

---

[1] 李国杰，程学旗. 大数据研究：未来科技及经济社会发展的重大战略领域——大数据的研究现状与科学思考[J]. 中国科学院院刊，2012，27（6）：647-657.

[2] 李晓萍，王亚云. 基于区块链技术的物流服务供应链信息平台构建[J]. 物流技术，2019，38（5）：101-106.

建物流服务供应链信息平台。

应该说，上述3种建设模式各有利弊。依托北部湾湾区某一个龙头企业自建港口服务供应链信息平台，好处在于企业独立经营、自负盈亏，更有动力加大技术研发和市场推广，在市场竞争中如果获得市场认可，将能够赚取丰厚的商业利益。不足之处在于要对接物流服务供应链上各方企业的信息系统，需要自建企业有足够的影响力。由于每个企业的诉求不一样，难度可想而知。直接选择第三方服务平台开通北部湾港港口流服务供应链信息服务板块，好处在于能够快速生产和使用，使北部湾港港口物流企业快速获得商业利益；不足之处在于北部湾港港口物流活动产生的海量大数据不能直接归口于本地企业，这在未来的商业竞争中可能会失去主动权。特别是在与来自国外的第三方供应链信息服务平台合作时候，更应该关注可能的政治风险。

综合来看，通过政府引导，以市场化机制由多方合作共建的物流服务供应链信息平台建设模式，更适合北部湾港港口物流发展。这是因为利用大数据推动北部湾港港口物流供应链的升级和信息平台的建设，前提在于北部湾湾区范围内跨领域的数据共享和应用，如此才更有可能形成真正体现北部湾湾区港口物流行业的知识、适用于北部湾湾区的智能技术和服务，从而满足数字时代用户个性化和多样化的需求。但跨领域的数据收集单靠一个企业有些不切实际，更不用说后续的数据整理和分析，以及再商业化应用。在这种情况下，通过发挥政府宏观调控作用，以设立发展基金和财政补贴的方式，鼓励湾区本地企业主动对接国内高科技企业开展项目合作，然后引导合作项目嵌入政府智能化信息平台，以快速打通部门之间、企业之间、政府部门和企业之间的数据壁垒，实现数据共享。然后再利用现代化的技术，比如云计算和区块链技术，将政府数据、社会信用数据、用户和消费者的物流需求信息、仓储企业的仓储管理数据、运输企业的在途运输及其他物流服务数据进行处理对接,再使用电子商务技术实现物流服务需求下单和订单操作。线下则采用现代化运输设备进行配送管理,如此便可以打造适用于北部湾港港口物流发展的物流服务供应链信息平台。

第六章　南向通道背景下的湾区经济发展战略

本章在对港口物流与湾区经济发展、国外典型港口物流成功发展模式、港口物流发展策略和湾区经济发展研究与启示的基础上，基于我国南向通道建设的国家战略布局，从规划刚性约束、环境保护力度和统筹机制建设3个方面提出促进北部湾经济区经济发展的战略措施，进而为本课题后面的研究提供支撑。

南向通道是在中新（重庆）战略性互联互通示范项目框架下，以重庆为运营中心，以广西北部湾港为重要出海口，以沿线相关省区物流枢纽为关键节点，旨在联动"一带一路"，促进中国西部省区与新加坡等东盟国家经贸合作的国际陆海新通道。建设南向通道，是广西壮族自治区深入贯彻落实党的十九大提出的"加强创新能力开放合作，形成陆海内外联动、东西双向互济的开放格局"精神、习近平总书记赋予广西"三大定位"新使命和"五个扎实"新要求的重大战略以及广西壮族自治区党委、政府确立的"南向、北联、东融、西合"开放发展总体格局的重要举措。南向通道作为一条综合型交通物流通道、陆海融合通道和合作共赢通道于2017年正式启动建设以来，迅速成为我国云南、贵州、重庆、甘肃和广西等西南、西北地区国际联运新动脉和推动地方经济协作的重要"产业通道"，其蕴含的巨大潜力正在快速释放，开放发展的价值优势正在逐步显现（蓝永信，2018）。从第1章和第2章可知，湾区经济是依托港口、海湾和领近海岛，发挥地理、生态环境和广阔腹地优势的区域经济。它被认为是具有开放经济结构、高效资源配置能力、强大集聚外溢功能和发达国家交往网络特征的区域经济形态，具有创新引领、高度开放、海陆联动、宜居宜业等特征（叶芳，2019）。显然，南向通道的建设对湾区经济的全面、可持续发展具有重要的作用。基于此，研究南向通道背景下湾区经济的发展战略，对于广西、广东及沿海地区乃至全国都具有重要的意义。这也成为当前学术界及实务界广泛关注的问题。

第一节　强化规划刚性约束

一、强化规划刚性约束的必要性

规划是一个地区、城市发展的总纲和蓝图，是带有战略性、全局性的基础工作，具有前瞻性和科学性。产业发展规划、城市总体规划、国家级新区发展规划、湾区发展规划等各级、各类规划的颁布、实施与落实，直接关系到地区经济社会的全面发展，包括城市发展的质量与品位、整体功能的发挥和核心竞争力的提升；资源与环境、城市与乡村的协调发展；产业的转型、优化与升级等各个方面。湾区经济的发展也不例外。当前北部湾经济区、粤港澳大湾区涉及的各级各类规划包括《粤港澳大湾区发展规划纲要》（2019）、《北部湾城市群发展规划》（2017）、《广东省沿海经济带综合发展规划》（2017）、《珠江—西江经济带发展规划》（2014）、《广西北部湾经济区发展规划》（2008）及广西壮族自治区、广东省、海南省等省区市各级各类规划。它们是集经济发展、城市建设、基础设施、产业发展、教育、医疗卫生、科技文化、金融服务、对外贸易等多方面的融合体，是一个地区或城市未来5年甚至更长时间发展的纲领性文件，具有统筹指导和刚性约束作用。

然而，从目前各级各类规划、意见的实施情况来看，各种规划得不到落实已成为一个普遍现象。已有的相关研究表明，规划在制定实施过程中，还存在总体规划的战略意义传导不足，刚性管控核心内容不明，刚弹界限模糊（徐本营，2017），编制方法不足，经济分析缺失或测算不准，（土地）技术指标确定不严谨，控规层面存在缺陷，刚性与弹性把握不准（卢科荣，2009），编制内容太多，对城市战略性问题研究不够深入，目标、策略和实施相脱节；"管得太多太死"与"管不住"并存，缺乏"守底线"和"应变能力"（朱琪等，2018）等诸多问题。而从近年来国家相关部委委派城乡规划督查员进驻国务院审批的103个城市总体规划的督查来看，大量总体规划的刚性被突破，各地超越经济社会发展阶段和资源环境承受能力，突破规划约束的冲动仍然强烈，占用公共空间、侵占公共利益、威胁公共安全的事件时有发生；不按法定权限和程序调整规划用地性质、突破建设用地规模，擅自侵占绿地、水系和基础设施用地，城市边缘、城乡接合部的违法建设等现象屡禁不止（王凌云，2017）。这极大地损害了国家、人民的相关利益。因此，如何实现规划的战略引导和底线控制，进行规划体制改革已成为当前我国政府部门、学术界面临的重要课题。

2014年，国家发改委、国土部、环保部和住建部四部委联合下发《关于开展市县"多规合一"试点工作的通知》，提出在全国28个市县开展"多规合一"试点。"多规合一"是指将国民经济和社会发展规划、城乡规划、土地利用规划、生态环境保护规划等多个规划融合到一个区域上，实现一个市县一本规划、一张蓝图，解决现有各类规划自成体系、内容冲突、缺乏衔接等问题。2014年《国家新型城镇化规划（2014—2020）》明确指出，要强化规划管控，保持城市规划权威性、严肃性和连续性，坚持一本规划一张蓝图持之以恒加以落实，防止换一届领导改一次规划。2016年中央城市工作会议明确提出，要依法制定城市规划，增强规划的前瞻性、严肃性和连续性，加强规划的强制性，严格规划的执行性。随后，中共中央、国务院进一步颁布《关于加强城市规划建设管理工作的若干意见》(中发〔2016〕6号),在城乡规划法与刑法衔接、法律责任追究和违法成本等方面做出了具体规定。可见,城乡规划刚性管控得到国家的高度重视。

湾区经济的发展,离不开城市总体规划、产业发展规划、园区发展规划以及各级各类规划的引领和约束。只有在规划刚性约束的条件下,利用好规划所具有的前瞻性和连续性等特点,才能最大限度地激发湾区经济发展活力,促进湾区经济更好更快的发展。因此,强化规划刚性约束对于湾区经济发展具有重要的理论意义和现实意义。

二、规划约束中的"刚性"与"弹性"

规划的"刚性"和"弹性"是规划约束中两个非常重要的概念。纵观国内外学者在讨论规划的编制、约束、困境等相关问题时,均绕不开这两个概念即规划的"刚性"和"弹性"。因此,明确规划"刚性"和"弹性"的内涵,对于后续研究至关重要。

目前学术界对规划的"刚性"和"弹性"及其两者之间的关系进行了较为广泛、深入的探讨。张友安和郑伟元(2004)认为,"刚性"是事物的组成内容、结构、量度及其演变过程的固定性。而弹性是事物围绕其固有的基准,在保持其本质特征下的可变性。刘堃(2014)指出,刚性是事物在外力作用下不易发生形变,难以通融和改变的性质。在规划中,"刚性"被认为是用来描述规划实践在战略指导思想、任务内容、规划指标和数量结构、编制执行与管理城市、土地规划过程中所具有的权威性、固定性、法定性、严肃性和指令性(张友安,郑伟元,2004;刘堃,2014)。弹性则是当物体所受的外力在弹性限度内,外力撤销后能恢复原来大小和形状的性质。在规划中,"弹性"则被认为是城市规划成果与规划管理过程对社会经济发展变化的灵活性、可调整性和应变能力(张友安,郑伟元,2004;刘堃,2014)。张惠璇等(2017)

也对刚性与刚性规划、弹性与弹性规划等概念进行了界定。他们基于张友安和郑伟元（2004）、刘堃（2014）等人提出的"刚性"和"弹性"的概念，进一步认为刚性规划则是规划在战略思想、指标结构、编制程序、管制规划等方面所具有的权威性、固定性和指令性；而弹性规划则是为了提升城市规划与城市空间应对不确定社会经济发展变化的能力所采取的一种规划技术手段。表现在土地利用总体规划上，刚性规划是为了合理利用各类用地，认真贯彻落实我国的基本国策，而使规划具有固定性和强制性；弹性规划是为了适应未来经济社会发展的不确定性，而使土地利用规划所表现出来的灵活性和可变性（王锐等，2005）。

在规划刚性的内容上，则主要包括规划的战略指导思想、规划的任务和内容、指令性规划指标、土地用途管制、重大工程项目用地布局和规划管理程序等6个方面。在规划弹性方法上主要体现在规划用途的界定要与时俱进、静态规划向动态规划转变、蓝图规划向绿图规划转变、规划指标的预留与浮动、土地用途规划要刚柔并济等方面（张友安，郑伟元，2004）。

从已有的关于"刚性""弹性""规划刚性"和"规划弹性"的概念和内容来看，很显然，一个良好的城市规划、土地规划等各类、各级规划，它既体现一定的刚性，发挥"刚性"所具有的特点，进而从全局层面把控规划的实施，发挥规划在城市建设、经济社会发展等方面应有的作用。同时，它也必须有一定的弹性，满足经济社会发展因经济发展速度调整、产业结构调整的布局变化、政策措施的修订和变更、土地利用结构发生改变等各种因素改变的需要。因而，缺乏一定刚性的规划，不能发挥控制作用，从而发挥出规划应有的作用；而没有一定弹性的规划，则缺乏应变能力，控制过死，不能适应经济社会发展的需要。可见，规划的编制、实施，既要考虑刚性，也要考虑弹性。因此，探索规划刚性约束下的弹性问题以及怎样处理规划刚性、规划弹性等相关问题已经成为学术界和实务界亟须解决的问题。

三、湾区规划刚性约束的手段及问题

1. 湾区规划刚性约束的手段

目前，湾区规划刚性约束的手段主要包括以下两个方面，这也是目前我国绝大多数规划刚性约束所采取的手段。

一是通过控制线的手段进行强制约束。如《中华人民共和国城乡规划法》(简称《城乡规划法》)第十七条规定："规划区范围、规划区内建设用地规模、基础设施和公共服务设施用地、水源地和水系、基本农田和绿化用地、环境保护、自然与历史文化遗产保护以及防灾减震等内容，应当作为城市总体规划、镇总体规划的强制性内容。"《城乡规划法》第三十五条规定："城乡规划确定的铁路、公路、港口、机场、道路、绿地、输配电设施及输电线路走廊、通信设施、广播电视设施、管道设施、河道、水库、水源地、自然保护区、防汛通道、消防通道、核电站、垃圾填埋场及焚烧厂、污水处理厂和公共服务设施的用地以及其他需要依法保护的用地，禁止擅自改变用途。"《国家新型城镇化规划（2014—2020）》明确要求城市规划要由扩张性规划逐步转向限定城市边界、优化空间结构的规划，科学确立城市功能定位和形态，加强城市空间开发利用管制，合理划定城市"三区四线"（见专栏1），合理确定城市规模、开发边界、开发强度和保护性空间，加强道路红线和建筑红线对建设项目的定位控制（王凌云，2017）。

专栏1：城市"三区四线"规划管理

（1）禁建区。

基本农田、行洪河道、水源地一级保护区、风景名胜区核心区、自然保护区核心区和缓冲区、森林湿地公园生态保育区和恢复重建区、地质公园核心区、道路红线、区域性市政走廊用地范围内、城市绿地、地质灾害易发区、矿产采空区、文物保护单位保护范围等，禁止城市建设开发活动。

（2）限建区。

水源地二级保护区、地下水防护区、风景名胜区非核心区、自然保护区非核心区和冲区、森林公园非生态保育区、湿地公园非保育区和恢复重建区、地质公园非核心区、海陆交界生态敏感区和灾害易发区、文物保护单位建设控制地带、文物地下埋藏区、机场噪声控制区、市政走廊预留和道路红线外控制区、矿产采空区外围、地质灾害低易发区、储滞洪区、行洪河道外围一定范围等，限制城市建设开发活动。

（3）适建区。

在已划定为城市建设用地的区域，合理安排生产用地、生活用地和生态用地，合理确定开发时序、开发模式和开发强度。

（4）绿线。

划定城市各类绿地范围的控制线，规定保护要求和控制指标。

（5）蓝线。

划定在城市规划中确定的江、河、湖、库、渠和湿地等城市地表水体保护和控制的地域界线，规定保护要求和控制指标。

（6）紫线。

划定国家历史文化名城内的历史文化街区和省、自治区和直辖市人民政府公布的历史文化街区的保护范围界线，以及城市历史文化街区外经县级以上人民政府公布保护的历史建筑的保护范围界线。

（7）黄线。

划定对城市发展全局有影响、必须控制的城市基础设施用地的控制界线，规定保护要求和控制指标。

资料来源：王凌云. 从规划督查看城市总体规划刚性管控[C]. 持续发展理性规划——2017 中国城市规划年会论文集，2017.

除此之外，2014年国家发展和改革委员会联合国土资源部、环境保护部等多部门发布《关于开展市县"多规合一"试点工作的通知（发改规划〔2014〕1971号）》。通知明确提出空间规划要"划定城市开发边界、永久基本农田红线和生态保护红线，形成合理的城镇、农业、生态空间布局"。2015年，中共中央、国务院印发《生态文明体制改革总体方案》，提出要"构建以空间治理和空间结构优化为主要内容，全国统一、相互衔接、分级管理的空间规划体系"。党的十九大明确要"完成生态保护红线、永久基本农田、城镇开发边界三条控制线划定工作""加大生态系统保护力度"。2019年1月23日，中央全面深化改革委员会第六次会议审议通过了《关于建立国土空间规划体系并监督实施的若干意见》《关于建立以国家公园为主体的自然保护地体系指导意见》等文件①。至此，实现国土空间合理规划利用，正确处理自然资源保护和开发的"三区三线"系统形成。"三区"即城镇、农业和生态空间；"三线"即生态保护红线、永久基本农田和城镇开发边界三条控制线。通过"三区四线""三区三线"的划定和规定，进一步加强空间规划的刚性约束和强制性，成为目前我国城市建设、生态保护和国土空间规划的重要利器。

二是通过各项具体指标进行管控。如通过总体规划中的人口、用地面积，控制详细规划中的容积率、建筑密度、绿化率，土地利用总体规划中的耕地保有量、基本农田保有量、建设用地总量，其他专项规划中的森林保有量、水资源承载力、污染物排放量等指标（田颖，刘谦，2018）对规划进行刚性约束。

2. 湾区规划刚性约束存在的问题

通过"三区三线""三区四线"等控制线手段以及具体指标对湾区经济发展所需要的土地、产业、园区以及空间等各类支撑条

---

① 李宏伟，唐芳林，王建平. 科学划定"三区三线"，严格保护与合理利用自然资源[N]. 光明日报，2019-02-20.

件进行规划约束，一定程度上促进了湾区经济的发展，满足了经济社会发展的需要。但同时也面临着诸多问题。如海南省在规划刚性机制的探索及开展"多规合一"的过程中，发现用地边界刚性过强导致布局分散、指标的严格刚性导致项目调整困难等相关问题仍然是其需要重点解决的问题（田颖，刘谦，2018）。严世明（2016）认为在广西的城市发展中，规划起着至关重要的作用：强化规划引领、严格规划的审批和程序是广西城市发展面临的重要问题。王凌云（2017）对国务院审批的103个总体规划的城市进行调研督查发现，突破总体规划建设用地范围、侵占总体规划城市公共绿地和基础设施用地、损毁历史建筑、破坏风景名胜区和侵占水源地等现象仍然层出不穷。究其原因，主要体现在以下几个方面：一是缺乏层级监督制约机制；二是总体控制规划刚性传递弱。

此外，值得注意的是，由于湾区涵盖广东省、广西壮族自治区、海南省等省、自治区。地区经济发展水平、基础设施建设、对外开放程度和国家政策支持等方面的差异，导致各地区规划刚性约束在执行中存在较大差异。相对而言，广东省在处理规划中的刚性与弹性问题更为灵活多变。以深圳市为例，深圳市创新型产业空间规划经历了刚性—弹性—韧性的转变，逐步改变传统规划对物质空间的刚性管控，转而关注功能空间的联动与互动，进而衍生出产业园区、产业带、功能网络等具有丰富内涵的空间形态以应对复杂多变的社会经济环境（张惠璇等，2017）。而湾区其他省、自治区如海南省、广西壮族自治区则在规划引领、编制和执行方面则存在一定的滞后性。更为重要的是，由于缺乏跨区域顶层规划，处于湾区的各省、自治区，各地级市之间各自为政，从而造成资源统筹利用缺乏有力措施，造成区域间各种资源的浪费。因此，强化规划刚性约束就显得尤为重要。

四、加强规划刚性约束的政策建议

1. 科学编制湾区经济社会发展规划，提升湾区经济发展水平

湾区经济的发展，首先，树立科学规划的发展理念。要从思想和源头上，根本改变传统的产业、园区、城市发展规划等千篇一律、模仿现象。因而，要强化规划引领，尊重地区、城市、产业和经济发展规律、特色，按照湾区经济发展规律，不断创新规划理念，围绕城市、港口、产业、人才、生态"五位一体"模式，进行顶层设计，制定适应湾区经济发展的总体规划。完善湾区区域土地利用、城镇体系、基础设施、生态保护等专项规划体系。对于涉及经济社会全面发展的规划，要做到"多规合一"，要将湾区的"土地利用总体规划""城镇建设发展规划""交通建设发展规划""产业发展规划"和"生态环境保护规划"等一系列规划进行有机衔接，使之相互融合、贯通。同时，做好与市县规划与省级有关规划的对接，进一步明确港湾定位。

其次，确保规划的连续性和前瞻性。在编制规划前，政府职能部门则要对规划涉及的领域现状进行全面分析和把握，精确研判当前发展现状及未来发展趋势，做到决不出现"拍脑袋决策、拍胸脯保证、拍屁股走人"的现象。既要满足当前经济社会发展的客观需要，又要具有一定的前瞻性，符合经济社会发展变化的规律和趋势，满足未来一段时期人们对各种资源的需要。

最后，确保规划的可操作性，保证规划的严肃性。规划的编制要充分考虑规划的可行性，是否落地。不仅要上得了墙，还要落得了地。规划一旦执行，则不能朝令夕改。对于已经出台的规划，要维护其权威性与严肃性，不能擅自修改，不得随意变更。要坚持系统实施湾区经济发展战略，强化规划的刚性约束，实现港、产、城融合发展，全面服务"一带一路"倡议。

2. 寻求刚性与弹性的有机耦合，建立韧性规划控制机制

既然刚性和弹性一直是规划编制、实施和控制过程中不可回避的问题。那么在实施和控制各种规划的过程中，可适当寻求刚性与弹性的临界点，将刚性规划和弹性规划进行有机结合，使其既具有一定的刚性，也具有一定的弹性，进而发挥规划在经济社会发展中的最大作用。在刚性约束的两个具体手段的基础上，对于湾区的城市、港口、产业、人才和生态等可采取整体规划、分片实施、分步启动、滚动开发的精细化管理方式。可根据湾区经济社会发展的速度和质量及时进行调整，进而形成无限衍生、动态调整的长效机制（张惠璇等，2017）。

进一步，可运用土地利用相容性、容积率奖励、开发权转移等弹性工具为用地性质、开发强度等规划控制指标设定可浮动区间，促进规划指标在空间上的优化配置，增加政府对各类资源的整体统筹，从而实现以弹性工具优化规划控制指标的空间配置。此外，以刚性机制推进渐进式、协商式产业规划，建立政府、专家学者、企业负责人、国内外研究机构以及社会公众多元主体参与决策咨询与沟通协商，并准予多元化主体参与规划编制与实施机制，实现其与同时期城市总体规划等一系规划在产业发展目标与产业用地空间布局上的充分衔接与深度融合。

3. 以底线约束为核心，建立指标考核价值体系

在湾区经济发展中，必须坚持以底线约束为核心，明确人口、土地、安全、生态等底线。一方面，要以生态保护作为强制性要求，坚持"五位一体"发展模式。另一方面，应划定湾区发展生态底线即禁止建设区域既包括保护规划划定的生态红线，也包括各类生态敏感区、城市增长边界等。对于重要的基础设施建设、公共服务设施建设如污水厂，输变电等市政设施，应急避难、消防等城市安全设施，中小学、医院、体育馆等公共服务设施也需作为刚性要求，坚持设施红线（许世光，2018）。

按照湾区城市、港口、人才、产业和生态等方面的性质、功能，建立以目标为核心的价值体系，结合经济、社会、环境发展将其分解成各个子目标，上下联动，从而形成高效统一、协调的指标体系。

第二节 加强环境保护力度

湾区经济的发展与建设，除缺乏跨区域顶层规划外，沿海生态环境堪忧则是湾区经济发展需要处理的另一个突出问题。《2016年中国海洋环境状况公报》显示，我国近岸海域环境问题突出，特别是陆源入海污染压力巨大，近岸局部海域污染严重。在44个大中型海湾中，17个海湾全年均出现劣四类海水水质，保护湾区环境任重而道远（叶芳，2017）。《2017年中国近岸海域生态环境质量公报》显示，我国11个沿海省区，仅有广西和海南近岸海域水质为优，辽宁、山东和福建水质较好，河北水质一般，天津、江苏和广东水质较差，上海和浙江水质极差[①]。可见，我国沿海海洋生态环境保护已刻不容缓。

当前推动湾区发展已成为世界各国发展开放型经济、确立战略优势的重要经验。而从东京湾、纽约湾、旧金山湾等世界级湾区的发展经验来看，湾区确实也推动了一个国家或地区的全面发展。但同时我们应该看到，工业和人口的快速集聚，也会给湾区的生态环境带来极大的压力，成为环境污染的重灾区。因此，良好的生态环境不仅是高质量经济圈和高品质生活圈的重要竞争力，也是人才、资本、文化等各种生产和创新要素聚集的重要原

---

① 《科技日报》，2018-08-07，https://baijiahao.baidu.com/s?id=1608189164947136214&wfr=spider&for=pc。

因（周春山等，2017）。因而，推进湾区发展，生态环境保护工作至关重要。

一、更新环境保护观念，建立绿色发展的内生机制

目前我国一些地方仍然存在思维定式，认为保护环境必然会影响经济的发展。因而，把保护环境与发展经济对立起来，一味地追求经济的增长，而忽视生态环境保护对人们生活及经济社会可持续发展的重要性，进而在环境保护方面为经济发展让路，存在不作为、不敢为、不想为的现象（陈吉宁，2016）。然而，东京湾、纽约湾、旧金山湾等世界级湾区经历的"先污染后治理"的发展路子告诉我们，环境保护在湾区发展中具有重要作用。事实上，环境保护与经济发展并不冲突；相反，它们之间存在一致性。好的环境能够吸引人才、技术、资本等各种生产要素的聚集，是一个地区或国家重要的核心竞争力。而高速发展的经济增长模式也需要一个较好的生态环境支撑或体现。具有较差环境和较高经济增长模式，或具有较好环境和较差经济增长模式都是短暂的，不会长期存在。因此，要以环境保护为契机，积极主动作为，迎难而上，把环境保护作为经济发展的重要推手，从产业结构、能源结构和空间布局等方面进行调整与优化，从根本和源头上彻底改变环境保护是发展的"包袱"、财政的"包袱"和政绩的"包袱"的陈旧观念。

推动湾区建立绿色发展的内生机制。一是加强对湾区发展的环保督察，对重点行业、领域开展环境保护综合整治，进一步推进省以下环保机构监测监察执法垂直管理。二是积极开展生态环境损害责任追究、自然资源资产离任审计、自然资源资产负债表编制等工作。三是建立信息公开和公众参与机制。大力推进企业环境信息公开，推动环境监测信息、执法信息、审批信息、企业

排污信息公开，解决信息公开中"企业拖、政府推、干部躲"的问题，让政府的权力在阳光下运行、让政府和企业的环境责任在公开透明中接受群众的监督。建立健全环境保护网络举报平台和制度，促进公众参与企业环境信用等级评定。推进环境公益诉讼，以司法手段推动公众环境监督（陈吉宁，2016）。

二、加强湾区环境法律保护，建立跨区域环境污染防治保护制度

在规划中，除通过"三区三线"和"三区四线"等控制线手段和具体指标对湾区生态环境进行保护外，还需要从法律层面完善湾区环境法律保护的立法、执法。在进一步完善国家层面环境法律保护的基础上，广东省、广西壮族自治区以及海南省等地区应根据湾区发展规划，尽快协商出台湾区层面的环境法律、法规。对国家已颁布的法律、法规，尽快制定与之相适应的具体实施办法；对国家尚未制定具体法律、法规的，应加快推进地方性的海洋环境保护、生态文明保护等相关法规。如完善海洋污染物排放总量控制，加强对主要入海河流、河口和陆源排污口的监测，推行入海重点污染物控制制度。实行江海联动、陆海联动的污染治理模式，严控城市工业污染、农业污染和城市与乡镇生活污染；加大对湾区近岸海洋工程和作业的项目管理，提高港口、海上石油平台、海岸工程等排污、废水和垃圾的处置，建立海洋污染的监督检查机制，加大海洋环境利用和海洋违法惩治（李青，2015）。

另外，加大湾区环境保护的执法投入、执法力度。立法固然重要，但相比而言，法律的执行则更为重要。首先，可通过政府、企业和银行等多种渠道和市场机制，多渠道筹措资金，建立环境保护专项经费和专项账户，确保环境保护投入充足、专款专用。其次，争取国家在湾区环境保护执法中给予人才、资金、政策和设备等更多的支持，赋予环境执法部门更多的权力如查封、扣押、

没收和限制人身自由等强制性权力，以提高环境执法部门的执法力度和强度。

加强湾区内各省、自治区环境保护的跨区域合作，形成跨区域跨流域长效合作机制。一是加强湾区海洋环境防治保护。如在海洋环境保护方面，加强海洋环境规划、资源能源开发、海洋渔业发展、生态环保等重点合作领域规划编制，加快实施合作项目，实现海洋环境资源信息共享、海上联合执法、海洋灾害联合防控以及建立北部湾、南海海洋环境保护基金和海洋污染损害赔偿机制等（李青，2015）。二是加强湾区城市与乡村、产业园区、居民生活和大气等生态环境的保护与防治。如建立跨境、跨区域空气质量监控系统，实行实时调控；建立生活污水、工业废弃物排污交易市场；加大对工业生产大气污染物的排放监测。

三、推广"湾长制"，提高海洋环境治理能力

2017年，青岛、胶州、海口等地试点推行"湾长制"，浙江也发布《关于在全省沿海实施滩长制的若干意见》。无论是"湾长制"还是"滩长制"，都必须建立以流域为重点的跨区域的保护与开放协同体制，实行以"湾"为单元的责任落实机制，实现湾区网格化管理，建立健全湾区管理保护监督考核和责任追究制度，拓展公众参与渠道，营造全社会共同关心和保护海湾的良好氛围。与此同时，还需在以下几个方面下功夫：一是要落实最严格的海洋资源管理制度，严守海洋资源开发利用控制标准，严格海域岸线生态空间的管控和整治修复；二是要加强陆源和海域污染控制，突出抓好重点行业、重点企业的污染源治理，推行全过程清洁生产，努力实现工业企业污水达标排放或"零排放"；三是要推进湾区生态环境综合治理，加强主要入海河流污染治理和生态工程建设，实施主要河流入海污染物的溯源追究和生态补偿制度；四是要强化污染同防同治，实施海陆统筹、河海兼顾和一体化治理。

四、营造公平健康的市场环境，促进湾区经济提质增效和绿色发展

一方面，政府职能部门应制定或规范环境执法及处罚的相关意见或制度，如在生态环境执法处罚方面，制定行政执法公示制度、执法全过程记录制度、自由裁量权指导意见等一系意见或制度，促进执法的公正、公平和公开，最终促进企业知法、守法。实施以污染物排放构成的精准识别、分类管控和优先管控制度，加大对企业生态环境破坏的执法力度和惩治力度，严格环境准入，积极倡导、营造公平健康的市场环境（储成君等，2019）。在推动生态环境改善的同时，以生态环境倒逼产业的调整与优化，从而促进湾区经济结构转型升级。

另一方面，以绿色发展和生态环境保护为目标，制定符合湾区经济高质量发展的指标体系，尤其是增加反映经济发展质量和绿色发展的具体衡量指标，实行指标体系动态化管理，对湾区经济发展质量进行实时监测。不断深化供给侧结构性改革，优化产业布局与结构，加大固定资产投资规模，加快先进制造业与现代服务业的融合。健全大、中、小型企业，民营企业与国有企业等多种类型企业发展的体制机制，优化营商环境，激发市场主体活力，提升其服务企业、市场的能力。

总之，湾区的发展，必须处理好陆上与海上、上游与下游、段与段之间、相邻城市之间、保护与监管的关系，树立"保护优先、有序开发"的理念，加强陆海统筹、区域统筹和要素统筹。

第三节　加强统筹机制建设

湾区要真正发挥其在国家经济发展中新的增长极作用，必须

处理好海湾与腹地、湾区经济内部与内陆经济外部、海湾与中心城市、湾区经济总量与质量、保护与开发之间的关系，充分发挥产业湾区的基础优势、港产城湾的一体效应和强内外引的发展活力，这需要在南向通道背景下解放思想、大胆创新，坚持问题导向，破解制约发展的体制机制障碍，进而创新和统筹体制机制，激活其潜能，以机制促发展，最终实现湾区的全面可持续发展。

一、着力建立湾区一体化统筹机制，构建政策实施长效机制

1. 统筹湾区协调体系

建立湾区发展类似湾区管委会等机构的专门部门或机构，加强组织领导，实行常态化的湾区领导联席会议机制，明确湾区专门部门的定位和职能，赋予该部门对湾区经济、港口、人才、产业和城市等各个方面的管理权限。探索湾区发展新的政府管理模式，理顺协调湾区各职能部门之间、湾区各职能部门与区域间政府部门的管理体制和运行机制，统筹推进湾区各政府职能部门管理方式转变，促进它们之间的相互合作、交流。进一步培育利益共享理念，建立区域合作的补偿机制和分配机制。定期研究和解决湾区的重大问题如在产业园区规划、重大项目审批和生态环境保护等，进一步优化调整湾区涉海机构与部门，探索实现湾区经济和海洋发展的一体化统筹机制。

2. 统筹湾区规划体系

从前面的章节我们可知，目前湾区经济社会的发展，还缺乏顶层规划和设计。湾区内各地区、各城市的各种规划均是根据本地区和城市的发展进行设计的，因而在产业、城市、人口等各个方面存在较大差异。在南向通道背景下，湾区的经济发展要发挥出南向通道给湾区带来的红利，则必须从整个湾区的发展统筹湾

区的规划体系，必须坚持问题导向和目标导向相统一，加强湾区经济发展规划的指导、协调和约束。首先，建立跨区域政府规划与战略实施协调机制，整合湾区内各方资源及局部利益，确定湾区顶层规划的制定标准、共同目标和整体利益。其次，在充分调研和分析的基础上，克服行政区划在资源配置上的弊端，高要求、高标准制定并尽快出台湾区经济社会发展的总体规划。最后，在此基础上，依托总体规划积极推动湾区沿海产业、港口发展、土地资源和主体功能等多规合一（潘崇敏，2018），最终构建并形成"一图管控""多规合一"的湾区发展总体格局。通过科学规划，形成产业分工与协作，促进生产要素的合理流动，实现湾区内资源的有效开发和利用，最终促进湾区经济的全面发展。

3. 统筹湾区基础设施建设

按照现代化物流运输体系网络化及多样化运输方式协调发展的总要求，加大湾区城市道路、桥梁、水电设施等公共基础设施投入，集中抓好主骨干、主通道和主枢纽建设，完善陆路交通网路体系。统筹推进教育、医疗卫生等影响民生的基础设施投入，加大基础设施信息化投入，提升公共基础设施的管理和运行效率。在港口方面，一方面，统筹和优化湾区各港口城市港口资源的合理配置，推进港口一体化建设。逐步完善航道、泊位、码头等港口基础设施，构建铁路、公路、水路、航空、管道等完备的集疏运体系，积极构建物流、贸易、电子商务等供应链一体化产业，努力开拓航线、物流服务基地建设、大力发展海铁联运、海铁江联运、公铁联运等多式联运，建立中国西南陆桥，形成多式联运一站式服务体系，建立统一运力资源的订舱服务、追踪查询、预制作业计划、一体化通关、单证服务和保险理赔等核心功能的多式联运信息系统，积极壮大临港产业、港口（园区）。

4. 构建政策实施的长效机制

在实施和推进湾区一体化统筹机制的同时，建立湾区发展的政策协调机制。创新政府服务职能，优化、简化政府服务流程，为湾区政策的落实和企业的经营发展营造一个良好的氛围和营商环境。在基础设施、投资贸易平台、科技创新平台和研究咨询平台等方面，积极向国家、省市有关部门争取更多资源，提升其投入力度。加大网络信息平台建设，整合网络信息资源，建立行业、领域信息交流共享机制（龙水秀，2012）。加强湾区运输业、制造业、出口加工业、港口行业等各行业各领域的交流合作，形成行业协调机制，促进行业、区域资本配置效率和行业合作效率。

二、实现要素资源的差别化供给，建立产业政策保障体系

1. 实施要素差别化供给机制

借鉴浙江、江苏等沿海省份近年来实施的深化工业企业"亩均论英雄"和资源要素供给改革实施意见，积极推进土地、资本、劳动等要素资源的市场化改革。对于湾区经济发展具有举足轻重的产业或涉及国计民生的项目，要优先保障各种要素的资源投入。同时，为防止要素资源投入的过度或不足，应建立要素资源的综合评价体系和要素资源的差别化供给机制。既要从供给侧方面避免各种要素资源的浪费或不足，也要从需求侧方面加大对各种产品的需求，依托政府和市场力量，寻找供给与需求的均衡，最终满足人民对美好生活的需要。

此外，要结合湾区经济定位、战略目标，湾区内各城市功能布局和空间分部差异特点，以供给侧结构性改革为重点，补齐短板，进而发挥湾区整体效益最大化（刘国军，2019）。如着力加强对大财团、大型企业的招商引资，积极建设国家金融中心乃至国际金融中心，利用金融资源支持实体经济或产业。创设湾区经济发展专项资金，加大财政补贴、税费减免、风险补偿等措施（潘崇敏，2018）的补贴力度，降低湾区企业经营管理的成本与风险，

提升产品或服务的综合竞争力。

2. 建立产业政策差别化保障体系

提高湾区产业准入门槛，制定湾区产业准入负面清单，优化湾区优先发展产业名录，明确产业政策扶持重点，建立落后产能退出补偿制度，重点培育通用航空、轨道交通、汽车制造、信息、智能制造、现代医药等高端制造业；出台海洋产业发展扶持政策，推动海洋渔业、造船业的转型升级，推动海工装备和海洋生物等海洋战略性新兴产业快速发展；着力推进"南北协作""山海协作"，创新跨区域指标统计机制、财税分成机制、协同招商机制，着力推动跨区域产业转移和平台共建新模式（潘崇敏，2018）。

三、着力建立本土化创新机制，加大湾区政策扶持力度

1. 创新"民企+"等机制模式

实施"政府+民企"创新机制模式，建设一批公共孵化基地，健全龙头企业、成长型中小企业、小微企业定向扶持机制，大力培育总部经济，推进企业上市和并购重组，促进企业对接多层次资本市场，促进湾区主导产业优化升级和新兴产业能级倍增。实施"民企+人才"创新机制模式，探索人才招引机制。建立高层次人才推介中心，推动人才股份化政策导向（刘哲，2018）。着力用好企业家"第一资源"，鼓励从业人员参加职业能力培训、分析师、规划师、工程师考试，不断提升专业技能人才的理论水平和实践能力。

除此之外，政府应该专门出台相关政策文件大力支持"政府+民企""人才+民企"等创新机制模式，从资金、人才、政策等方面加以保证。同时，对于进驻湾区的企业，从土地、税收、金融资源等方面予以优惠。

2. 搭建湾区人才集聚高地

积极出台人才引进政策，营造良好的政策环境，吸引各种类型的人才向湾区集聚。同时，不断优化人才引进环境，确保人才引得进，留得住。如在医疗、子女教育、保险、住房等方面提供帮助和便利。招引"双一流"高校、国家科研院所、海外知名研究机构等落户湾区，打造环湾区创新走廊。根据湾区经济社会发展需要，加大对湾区内本科院校、高职高专不同层次高校的经费投入，为高校搭建各种类型的人才实践平台，创新人才培养新机制，努力提高人才培养数量和质量，形成政府规划、院校实践和企业参与的人才培养模式。降低涉及金融、经济、贸易、管理、建筑和工程等专业人才培养成本，促进湾区本土人才的发展。

另外，通过高薪聘请、长短期合作、平台合作等方式引进国内外专业人才、监管人才和复合型人才，壮大各类人才规模和质量。建立科学合理的人才激励机制，构建科研孵化平台，实现科研成果向生产力的有效转化，建立人才专项基金，实现区域高端人才的集聚。

第七章　基于内生增长理论的港口物流与湾区经济发展机理

第一节　内生增长理论

新古典增长理论以收益递减规律为假设前提，导致经济在长期中的增长依赖于其模型中给定的外生技术变量，所以不能很好地解释经济的长期增长机制，而内生增长理论使解释经济持续增长成为可能。内生增长理论之所以是对新古典增长理论的一个突破，是因为其将技术变迁引入内生增长模型当中，而把技术变迁融入新古典框架会产生与假设相矛盾的问题。因为知识或新观念的创造带来了技术进步，而知识作为一种可以被社会共享的公共品就与新古典模型中完全竞争的假设前提相矛盾。内生增长理论认为要解释经济的长期持续增长，就要用技术进步的收益递增来消除新古典模型中的收益递减。

技术进步内生化的模型可大致分为：AK 模型、"干中学"模型、人力资本模型和包含 R&D 投入的模型。AK 模型对新古典增长模型中的技术因子做了修正，它被视为内生的经济变量，而且其构造的生产函数并不是报酬递减的。Jones（1990）、Rebelo（1991）等人论证了规模收益不变的生产技术足以实现经济内生增长。"干中学"模型是 Arrow（1962）提出的，他认为知识促进技术进步，而新知识的产生是通过人们学习和积累经验的结果。他强调了经验积累对于技术进步的重要性，当企业或生产者总结、积累了生产和投资的经验,这将有利于生产率的提高;当这种经验通过外溢被其他生产者或企业学习和吸收后,对于整个社会来讲将会产生递增的收益,带来经济增长。内生增长模型中对人力资本的引入是以 Romer(1986)、Lucas(1988)等为代表所提出和发展起来的。

Romer 于 1986 年提出生产要素理论,在他的理论中,资本、非技术劳动力、人力资本和社会上涌现的新思想将对经济增长产生重要的影响。Romer 认为知识对经济增长具有极为重要的作用,主要体现在以下几点:① 投资效益的提高源于知识的促进作用;② 作为经济增长的重要促进因素,知识本身也需要进行投资;③ 投资对于知识具有重要的积极作用,同时知识对于投资也具有同样的正向作用。Romer 的经济理论中放弃了导致新古典增长理论最终无法立足的假设(边际收益递减),他十分重视生产所需要投入要素的收益问题。传统经济增长理论将经济运行过程中所需要投入的要素归结为自然界现存的各类资源。但随着社会发展不断推进,知识经济时代的到来使人们意识到除了稀缺的自然资源对经济增长产生推动作用,知识本身的产生、发展和传播也会带来经济增长。传统物质社会的经济效益呈现出递减的特点,是由于物质本身的有限性。在知识经济时代,知识的运用和传播会使知识不断沉淀并发现新的知识,知识自身的特点决定了它将成为经济发展不竭的推动力,并且知识的掌握和运用成本低于物质资源的运输、投入生产,因此也就不再存在边际收益递减的情况。这一经济理论将人们带出了悲观的经济停滞、边际收益递减的境地,让人们看到经济在长期可持续的增长动力源泉,为人类社会经济实现稳定增长带来希望。

Romer 对经济增长理论做出了巨大贡献,自此知识进入经济增长模型,并成为经济长期稳定增长的不竭动力和源泉。一般知识和专业化知识构成了这里所提到的知识内容,两种知识分别产生的规模效应以及所投入生产要素递增的收益不仅使知识本身受益,同时也使投入的其他生产要素产生收益,产生收益递增的情况。以上情况为个别厂商带来了垄断性的利润收益,这种收益通常会作为下期研发的投入。至此,经济长期实现稳定增长的原因以及各地区、公司中存在的差异得到了有效解释和说明。

第二节 湾区经济增长模型

一、湾区的概念

从地理概念上看,湾区是由一个海湾或相连的若干个海湾、港湾、邻近岛屿共同组成的区域,是"由于海洋(或湖泊)移动而形成的海岸凹入或海洋再入处"。国外的湾区大多数是一种自然情况下形成的状态。

二、湾区经济的概念与特征

早在20世纪80年代,湾区经济就开始受到关注。湾区经济的主要依托有3个,分别是湾区地形、世界级城市群以及开阔的海洋通道。具体来说,湾区经济是依托沿海地区大型港口群和城镇群,以湾区地理、生态优势为发展基础,而形成的以航运、贸易、金融、科技等核心产业业态带动的开放型、创新型、集聚型、国际化的高质量区域综合经济形态。虽然湾区经济生于沿海,但由于凹入内陆而又不同于沿海经济。它虽然依傍于城市群,但又因为共享水体而不同于普通的城市群经济,湾区经济是高开放度的经济。从地理经济角度考察,开放型经济的发展主要有3个过程。分别为边境城市开放、沿海城市开放、湾区经济开放,在开放方式上,湾区经济开放拥有更有利的地理位置和港口资源;在开放程度上,湾区经济的开放力度更大,视野更广。

同其他经济形态相比，湾区经济的产业、人才集聚程度高，资源配置功能更强。加上其地理的特殊性进而产生了港口、城市、创新、产业等经济的叠加效应，所以湾区经济是一种高级的区域经济形态，且是国际上认可的高开放度发展模式。

从世界经济版图来看，湾区经济对于全球经济的发展亦具有非常重要的作用，一些发达湾区通过对港口、城市群、海洋航道等进行统一布局，形成了以中心城市为核心，以周边腹地为支撑，以经济目的地为导向的有机开放型经济体系。据统计，目前全球经济总量有超过六成集中在入海口，绝大部分的工业资本和人口集中在港口100千米范围内，当今世界经济增长的多个"龙头"都位处湾区的大都市，在世界著名特大城市中，港口城市占九成以上。

因此，湾区经济一般具有如下4个特征：一是高度开放性。湾区的地理位置决定了它天然的开放属性、强烈的外向型经济特征、多元化的人口与文明特征。开放性也是作为湾区相较于其他区域而具有的天然优势。在对外经济交流中，海运是非常重要的一种方式，港口的作用不言而喻，它是国与国经济交流中重要的连接点，极大地推动了国际贸易的发展。二是创新引领性。湾区经济的起点是工业，而且是全球化时代开启之后才有的经济现象，引领相邻地区的产业升级、科技创新。在与国外或者其他地区之间的贸易中，有港口的城市可直接接触到最近的科技成果和人才资源，吸收到的资源将激发创造力，进而转化为城市发展动力。三是集聚发展性。湾区具备现代化的交通体系、完善的基础设施和良好的投资环境，为产业、资本、人才集聚提供保障。湾区一般都为经济较发达的地区，其各种产业和经济活动在空间上集中容易对周围地区产生较大的向心力，待这种向心力不断扩大之后，会逐渐形成一种集聚效应。四是宜居宜业性。湾区靠近海洋，所以往往是生态环境资源卓越的宜居地带。

同时，湾区大多为新兴城市，在其开发规划中会较重视以人为本，除了生态环境卓越，自然环境也较宜居。因此，湾区城市更容易吸引投资，也能创造更多的工作岗位，从而汇聚各地人才，这些人才为城市的发展注入更多的活力。

纵观世界湾区的发展历程，大致可分为 3 个阶段：在湾区发展初期，经济增长的动力主要来自港口的促进。在这个阶段中，城市处于孤岛状态，依靠港口的区位优势，获得更多的物质资源和劳动力，从而促进经济发展。之后逐渐进入工业化，人口数量的红利也为扩大生产提供了更多的产业工人。与此同时，经济的发展也会带动交通网的建设以及技术的进步，从而进入以产业和交通为主要驱动的发展阶段。在这个阶段中，工人的生产效率得到提高，交通网的布局更加合理，城市之间人流、物流转移更加方便，城市联动性也得到加强。之后随着人口质量的进一步提升，技术的进一步改善，产业结构的进一步优化，转向以高知识、高技术、高附加值为主要驱动力的第三个阶段。在此阶段中，生产效率进一步提高，随着跨海大桥以及城际轨道的建设，交通更加发达，城市更加融合，与此同时还会催生出更多新兴产业。

三、经济增长模型

经济增长理论总的特征是运用均衡分析方法，通过建立各种经济模型，考察在长期的经济增长的动态过程中，加入能实现稳定状态的均衡增长所需具备的均衡条件。关于经济增长的理论，国外很多学者对此有较长时间的研究。著名的经济学家亚当·斯密认为劳动分工是提高效率的关键，也是促进经济进步的唯一动力。马歇尔通过消费—生产—交换—分配阐述消费者的需求是最终的调节者。马克思早就表示消费和需求两者的共同作用是经济发展的动力源泉。罗默认为，人力资本是经济增长的主要因素；熊彼特则根据"创新理论"阐述技术的进步是推动经济增长的重要因素。卢卡斯还引入人力资本外部效应，即"全社会劳动力的人力资本平均水平"，他认为人力资本具有内在效应和外在效应，前者指人力资本收益对个人或家庭带来的增值；后者会从一个人扩散到另一个人身上，从旧产品传递到新产品，从家庭的旧成员传递到新成员，进而使产出具有递增收益。而正是这种源于人力资本外在效应的递增收益，使人力资本成为增长的发动机。索洛认为，在一定程度上，技术进步、劳动力质量的提高比增加资本对经济增长的作用更大。人均产出的增长来源于人均资本存量和技术进步，但只有技术进步才能导致人均产出的永久性增长等。

在多个学者的研究下产生了以下几个著名的经济增长模型。

1. 哈罗德-多马理论

在20世纪40年代后期，哈罗德和多马提出了一个基于凯恩斯思想的经济增长模型。哈罗德指出，在凯恩斯的收入分析中，只考虑了投资变化造成的收入变化，并没有考虑收入变化对下一轮投资的影响，只有以实现总需求和总供给平衡为目标，以实现总需求和总供给平衡的投资刺激需求增加为目标，而不会看到总供给和新均衡的变化，从而成为一个静态的短期均衡分析。哈罗德认为，投资增加使国民收入双倍增长可以带来当期就业平衡。然而，投资的增加不仅刺激了总需求并使收入增加（乘数原理），而且刺激了总供给。随着产能的增加，新增产能带来下一个收入阶段的快速增长，更多的收入将转化为更多的额外投资（加速原则）。因此，当期国民收入不足以提供充分就业时，总供求不能平衡。因此，要实现充分就业，目前的投资必须大于以前的投资。

2. 新古典经济增长模式

新古典经济增长模型修正了哈罗德-多马模型，它放弃了资本和劳动力是不可替代的假设，并提出了自己的先决条件。在此条件下得出一个结论，并建立了新的经济增长模式。基于上述认识，新古典经济学家建立了自己的经济增长模型，并基于柯布-道格拉斯生产函数得到了新古典经济增长模型。该模型表明，经济增长率等于资本产出弹性乘以资本增长率，劳动产出弹性乘以劳动增长率，以及产出增长率之和技术进步。

3. 新增长理论

新增长理论的重要贡献是把技术内生化。新古典增长理论是二要素论，即决定经济增长的只有劳动和资本两个要素。而新增长理论则认为还有第三个要素——知识和技术，而且这一要素是内生变量，它可以提高投资的收益，使边际生产率递增。投资刺激知识的积累，知识积累反过来又促进投资，形成良性循环，从而说明发达国家如何保持强劲的增长势头，以及穷国与富国之间增长率趋异而并非趋同的情况。新增长理论主张对外开放和积极参与国际贸易，因而产生"外溢效应"，认为国际贸易应当从"比较成本优势"或"资源优势"旧原则向"技术、知识或人力资本优势"新原则转变。新增长理论强调劳动分工和专业化在促进经济增长中的重要作用，从而重视制度安排和制度变迁，因此可以说，新增长理论和新制度主义是共生的。

第三节 港口物流与湾区经济发展实证分析

目前，钦州港口物流产业发展可以说具备"天时、地利、人和"。"天时"就是众多战略机遇交汇，进一步发展港口物流产业正逢其时。中国（广西）自由贸易试验区正式揭牌运行，钦州港片区重点发展港航物流、国际贸易、绿色化工、新能源汽车关键零部件、电子信息、生物医药等产业，打造国际陆海贸易新通道门户港和向海经济集聚区，这对经济社会发展起到巨大的推动作用，也加快了钦州融入湾区经济发展。凭借拥有海港的独特优势，钦州成为21世纪"海上丝绸之路"的重要驿站。钦州港独特的深水岸线资源，具有发展湾区经济的天然禀赋。此谓"天时"。"地利"就是资源优势得天独厚，产业基础十分完善。钦州港国际集装箱码头拥有充足的深水码头泊位。港区后方已建成普通仓、保税仓、出口监管仓、冷链仓库等各类临港仓储。疏港交通日益完善，快速路网四通八达。钦州保税区在 2008 年 5 月获国务院正式批复成立，园区内国际中转、配送、采购、转口贸易和出口加工等业务一应俱全，完全兼容现代物流各种业态发展。此谓"地利"。"人和"就是政府努力扶持产业发展，亦一直积极探索社会管理机制创新，依托精简高效的管理体制，通过建立完善高效公平公正的市场经济环境，为企业搭建适宜创业、利于发展的良好营商平台环境。同时，制定了一系列企业扶持政策，在资金流、信息流方面为物流产业发展提供强力支撑。

钦州港具有得天独厚的资源优势，而这些资源禀赋投入通过内生增长理论中的内生增长模型能够较好地拟合，体现出钦州港乃至整个湾区经济增长过程中包括知识在内的各种生产要素的动力支持，并且通过各要素对经济增长贡献率的差异以及 TFP（全要素生产率）窥探出其经济增长内在动力结构方面的问题，有助于实现经济增长内在动力转换，为钦州港加快融入湾区经济发展助力。

在关于经济增长驱动力的研究中，学者们使用不同的方法和指标来研究地区间经济增长驱动力的差异。在方法上，多使用主成分分析、灰色关联度分析和面板回归等方法。相比较而言，面板数据回归分析法所有因变量的变化都直接源于原始变量的变化。此外，面板数据回归方法中自变量对于因变量的作用程度大小都通过其系数直接反映出来。

一、面板数据模型

时间序列数据和截面数据都属于一维数据。时间序列数据是仅根据时间得到的数据；截面数据是变量在固定时点的一组数据。而面板数据相当于时间序列数据和截面数据的结合，指的是同时在时间和截面上取得的二维数据。面板数据是截面上的个体在不同时点的重复观测数据。从横截面看,面板数据是由若干个体在某一时点构成的截面观测值,从纵剖面看每个个体都是一个时间序列。面板数据一般指"个体数多,时间短"这一特征。

利用面板数据建立模型的好处:① 避免了时间序列数据中的多重共线性问题。② 面板数据模型能得到参数的一致估计量,其结果比较有效。③ 观测值增多,不仅可以增加估计量的抽样精度,而且相比其他数据可以获得更多的动态信息。

面板数据模型的基本形式:

$$y_{ij} = \alpha_i + \beta_i X_{ij} + \theta_{ij} \qquad i=1\sim n, j=1\sim t$$

式中,y_{ij} 表示因变量,x_{ij} 表示自变量,i 表示面板数据中含有的个体数,j 表示时间序列的长度,θ_{ij} 表示误差项。

二、变量选取

在研究地区经济增长驱动力的众多文献中,不仅使用的方法不一,且模型中的变量选择也大相径庭。关于变量的选择,不同的研究区域和不同的研究目的使变量的选择不同,但总体来看,变量的选取主要有物质资本、人力资本、产业结构、经济制度、外向型经济、技术进步、城市化水平等指标。

基于此,选择表 7-1 中的指标作为变量。

表 7-1 变量选取表

变量	影响因素	具体指标	符号	单位
因变量	经济发展水平	GDP	Y	亿元
自变量	人力资源	就业人口	X_1	万人
	经济开放度	外商直接投资	X_2	亿元
	基础设施	公路网密度	X_3	Km/Km^2
		港口集装箱吞吐量	X_4	万 TEU
	创新投入	R&D 投入	X_5	亿元
	产业结构	第三产业产值占比	X_6	%

三、面板模型估计与 Hausman 检验

在对面板数据的实证研究中，通常使用的模型有 3 种：混合估计模型、固定效应模型和随机效应模型。其中固定效应模型与随机效应模型应用最为广泛。一般而言，固定效应模型与随机效应模型没有孰好孰坏之分，如若仅简单地从实际操作的层面来看，对于截面数量大的面板数据，固定效应模型消耗的自由度通常会比较大，而随机效应模型不存在这个问题，因而更为适合；而换个角度来看，随机效应模型必须假设个体效应与其他自变量不相关，不然内生性问题就会出现，引起参数估计的非一致性，而固定效应模型则不需要做此假设。所以，在进行估计之前，应该对 3 种模型进行检验，选出最为适合的模型。

Hausman 检验的基本思想：由于在遗漏相关变量的情况下，往往导致自变量与随机扰动项出现同期相关性，即 $\text{Cov}(X_t, u_t) \neq 0$，外生性条件不满足，从而使最小二乘法估计量有偏且非一致。因此，对模型遗漏相关变量的检验可以用模型是否出现自变量与随机扰动项同期相关性的检验来替代。

$\text{Cov}(X_t, u_t) \neq 0$，或者自变量与随机扰动项同期相关时，采用工具变量法可得到参数的一致估计量；当自变量与随机扰动项同期无关时，最小二乘法估计量为参数的一致估计量。因此，只需检验工具变量法估计量与最小二乘法估计量是否存在显著的差异性，以检验自变量与随机扰动项是否同期无关，进而判别模型是否存在遗漏相关变量的情况。

Hausman 检验在原假设条件下，工具变量法估计量与最小二乘估计量都是一致的，而在备择假设中，只有工具变量法估计量是一致的。若外生性条件确定满足时，我们更倾向于使用最小二乘估计量；而当外生性条件不确定满足时，就需要使用工具变量法估计量。

据 2018 年钦州市社会统计公报显示，钦州港 2018 年实现 GDP

第七章　基于内生增长理论的港口物流与湾区经济发展机理

245.8 亿元，就业人口为 14 万人，外商直接投资额为 56.65 亿元，公路网密度为 64.13 km/km²，集装箱吞吐量为 232 万标箱，R&D 投入额为 1.44 亿元，第三产业产值占比为 39.7%。面板数据计算分析结果如图 7-1、图 7-2 所示。

	——Coefficients——			
	(b)	(B)	(b-B)	sqrt(diag(V_b-V_B))
	n1	n2	Difference	S.E.
x1	.4845576	.4672126	.017345	.1158237
x2	.0996049	.0932566	.0063483	.0130147
x3	.5070082	.3924457	.1145626	.0993448
x4	-.592693	-.045806	-.0134633	.0098647
x5	.4427608	.452733	-.0099722	.0182622
x6	.3961917	.3745301	.0216616	.0968059

图 7-1　基于固定效应和随机效应的 Hansman 检验

y	Coef.	Std.Err.	z	P>|z|	[95% Conf. Interval]	
x1	.4672126	.0865431	5.40	0.000	.2975911	.636834
x2	.0932566	.0257882	3.62	0.000	.0427127	.1438005
x3	.3924457	.0900976	4.36	0.000	.2158576	.5690338
x4	-.045806	.026712	-1.71	0.086	-.0981606	.0065486
x5	.452733	.025995	17.42	0.000	.4017836	.5036823
x6	.3745301	.1401584	2.67	0.008	.0998247	.6492355
_cons	1.976735	.6767916	2.92	0.003	.6502478	3.303222
sigma_u	.23222727					
sigma_e	.0678551					
rho	.92133924	(fraction of variance due to u_i)				

图 7-2　随机效应回归结果

以上对钦州港口物流和内部各地区分别做了随机效应回归以及变系数回归。基于实证的结果，有以下分析：模型的总体拟合优度为 95.37%，p 值为 0，所以模型的总体拟合优度、显著程度非常好。从总体的驱动力来看，钦州港口物流及湾区发展主要驱动力有 4 个方面：人力资源、创新投入、公路网密度和第三产业产值占比。虽然其创新投入与交通的发展都为粤港澳湾区经济增长的主要驱动因素，但是，一方面，钦州港区经济增长仍然在很大程度上依赖于劳动力的投入；另一方面，第三产业相对来说依然处于较低的水平，产业结构的不断优化对经济增长的作用非常明显。因此，钦州港区与湾区发展的第三阶段依然有很长一段距离。其中，就业人数、外商直接投资、公路网密度、港口集装箱吞吐量、创新投入、第三产业产值占比 6 个自变量中，就业人口、外商直接投资、公路网密度、创新投入和第三产业产值占比的增加对经济的增长较为显著，都正向促进经济的增长。首先，就业人口、创新投入对于经济增长的驱动力位居前两位，其影响系数值分别为 0.467 和 0.453。其次是公路网密度，影响系数为 0.39，即公路网的密度越大，交通的便捷程度也就会越高，人流、物流的效率都会提高，对经济增长的作用也较大；产业结构对经济增长的影响系数为 0.37，即随着第三产业产值占比的提升，经济发展会越来越好，这说明随着第三产业产值占比的提高，城市群的产业结构不断处于优化之中，经济的效率会变高，进而促进经济的增长。此外，外商直接投资也对经济增长有正向驱动，其影响系数较小，仅为 0.09。但是，在 6 个自变量之中，港口集装箱吞吐量对于经济增长为负相关，即集装箱吞吐量的增加对经济增长起负向作用，在已有的文献中，有分析认为，北部湾港港口群之间港口的功能存在重叠，缺乏科学的定位，且竞争关系明显，各地区港口各自为政，缺乏相关的协调机制。因此，一个国家和地区的经济发展不会是简单的某一项因素的促进作用，一定是多因素叠加在一起的综合效果。总体上来说，就业人口、外商直接投资、公路里程、创新投入，第三产业产值占比的增加都不同程度地促进湾区经济的发展，更应当根据港口发展的具体情况给予其适当的发展定位，以使湾区各方面协调发展，产业互补，促进经济一体化。

第八章　湾区经济发展与港口物流协同问题研究

第一节　湾区经济发展与港口物流协同发展存在的问题

一、港口物流对区域经济发展的协同机制

港口物流是物流业中重要的组成部分，而物流业又是服务业的一部分。近些年由于电子商务的飞速发展，物流业已经成为国民经济的支柱产业，对促进区域经济增长有着不可忽视的作用。在区域经济一体化的格局下，加大物流业的发展，能吸引更多的资本投入，推动区域内的基础设施、优化区域内的产业结构，让区域经济发展更具潜力。

1. 吸引大量资本涌入

港口物流是多种物流形式的汇集，这就产生了商贸活动的集中，从而产生了大量的资金流。从货物的运输、仓储到装卸搬运、包装以及加工、配送，港口物流的所有环节都离不开资金的流转。而且港口物流的发展对于改善投资环节，拉动相关产业的发展有着不可忽视的作用，如港口周边区域的贸易、口岸、金融、保险等产业的发展都离不开港口物流。这些产业的发展同样会吸收大量的资金。而资金的大量涌入，对于港口物流和区域经济发展来

说都是必不可少的优质资源,只有利用好这些资金,才能更进一步提升港口物流的规模,为区域经济发展提供更强有力的推动力。

2. 促进基础设施建设

港口物流以良好的基础设施建设为基础,港口物流的繁荣发展离不开强大优质的交通网络,良好的交通基础设施是物流业蓬勃发展的前提。另外,港口物流的发展必然带来人员、货物、资金等多方面的快速流通,它增加了财政收入,拉动了经济增长,使港口城市有财力进行基础设施建设。两者相辅相成,互为促进。

3. 推动区域内资源优化

物流业有集聚的效果,现代物流业对于区域内的资源优化很重视,港口物流的发展有利于改变区域内原有产业的企业规模,把原来分散的小企业,优化整合成具有更强竞争力的大中型企业。在企业间也能提升分工协作的专业性,让区域内生产要素的优势得以充分开发和利用,使港口物流规模进一步扩大,从而提高效率,形成更具实力的物流集群和物流园区。

二、港口物流推动区域经济发展的同时,区域经济发展又助力港口物流的发展,是港口物流发展的保障和前提

1. 政策支持

政策支持是港口物流发展的强劲动力,在优惠政策的吸引下,会有更多的企业来到港口区,奠定了港口物流发展的基础。在全球经济一体化的今天,港口物流在国际贸易中的地位越来越重要,同样的港口在各个区域经济增长中的作用也越来越大,政府用多项优惠政策来助力港口物流的发展,这也是拉动区域经济增长的重要举措。

2. 优化产业结构，提升产业规模和经济的开放性

区域经济的产业结构和规模决定了港口物流的贸易数量和货物种类，它影响着港口产业集群的发展。因此，要优化区域内的产业结构，提升产业规模让港口物流发展有更好的基础。而经济的发放性是产业集群发展的基础环境和必要条件，自由的贸易政策决定了港口贸易的自由程度，开发的贸易政策保证了港口物流中货物的进出口和中转能够简便、快速，这会吸引世界上更多的跨国企业来进行贸易或投资，推动了港口物流的发展。

3. 打造区域经济品牌

打造区域经济品牌，这对港口物流的发展有着深远的影响。激烈的市场竞争中，品牌效应的作用不容忽视。打造区域经济品牌，利用品牌价值和网络营销手段，获得更多的利润。并且也让区域内的优秀企业因为区域经济的品牌作用，更有知名度和影响力，从而使区域内的人员、资金、货物、信息等资源的流动更快，港口物流进一步发展。

总之，港口物流与区域经济互为支持，互相促进，区域经济的发展少不了港口物流的助力，港口物流的发展同样不能缺少区域经济的推动，两者相辅相成。

三、湾区经济的内涵

1. 湾区经济的定义

湾区经济在相关研究文献中的定义有所差异。如：陈德宁（2010）认为，"湾区"是指围绕沿海口岸分布的众多海港和城镇组合而成的港口群、城镇群；王宏彬（2014）认为，湾区经济是港口城市都市圈与湾区独特地理形态相结合聚变的产物；申勇（2015）认为，湾区经济是因为共享海湾而形成的区域经济和开放型经济的高级形态；李睿（2015）认为，湾区经济不仅是一个地理学概念，也是一个产业经济学概念，是湾区与产业群的叠加。

综合相关研究文献对湾区经济的论述，我们认为湾区经济是指因拥有海湾的地理禀赋而不断发展起来的一种独特的高级区域经济形态。

2. 湾区经济的地理属性

湾区经济必须是在若干个海湾组成的区域经济形态，这是湾区经济的地理特征。没有海湾的经济形态就不能成为湾区经济。

3. 湾区经济的载体基础

湾区经济必须有因共享湾区而紧密联系的若干个城市组成的城市群。这是湾区经济形成的载体。没有城市群的海湾，就不能够形成湾区经济。

4. 湾区经济的核心内容

湾区经济必须具有分工明确、完善协同的产业群，这是湾区经济的核心组成内容。没有产业群也就没有湾区经济。

四、与其他区域经济形态的比较

1. 与普通沿海开放经济的比较

沿海开放经济是因沿海地区临近海洋而形成的一种经济形态，普通沿海经济的城市一般呈点状分布，彼此之间的距离较远，无法形成开放和发展的合力。湾区经济不仅具有普通沿海经济临近海洋的海运优势，而且因为海湾的存在使更多的城市集聚在一起，彼此通过海陆空交通实现快速到达，容易形成对外开放和经济发展的合力，这是湾区经济相比于沿海开放经济的优势和区别。

2. 与普通城市群经济的比较

湾区经济不仅能够集聚较大规模的城市群，而且与普通城市群相比，因临近海洋而拥有海运成本优势。此外，沿湾区分布的经济形态更容易依托市场竞争实现互补、协同，避免城市群经济中特大城市的"虹吸效应"。

因此，湾区经济不同于普通的城市群经济，它是一种拥有海运优势且更能实现协同发展的更高级的城市群经济；湾区经济也不同于普通的沿海经济，是一种因为海湾的存在而能够集聚更多城市形成开放和发展合力的更高级的沿海开放经济。湾区经济具有沿海经济和城市群经济的叠加效应，是一种独立的比沿海经济和城市群经济更高级的经济形态。

五、自然基础条件

1. 拥海

湾区经济是比邻海洋的经济形态，这一特点使湾区经济具有天然的生态环境优势和海运成本优势。

2. 抱湾

湾区经济是环绕海湾而存在的经济形态，海湾是海洋伸入陆地部分，特殊的地形使海湾有利于发展港口和对外贸易，也有利于湾区经济城市群的集聚和协同。

3. 连河

湾区经济一般都有通往内陆的江河，水路运输便利，使湾区经济的发展拥有更广阔的腹地。

湾区的自然基础条件如表 8-1 所示。

表 8-1 湾区的自然基础条件

湾区名称	拥海	抱湾	连河
旧金山湾区	大西洋	旧金山湾	萨克拉门托河、圣华金河等
纽约湾区	太平洋	纽约湾	赫德逊河、伊利运河等
东京湾区	太平洋	东京湾	多摩川、鹤见川、江户川等
环渤海湾区	渤海	渤海湾	蓟运河、海河、黄河等
粤港澳大湾区	南海	珠江湾	珠江水系
上海杭州湾区	太平洋	杭州湾、上海湾等	长江及其支流

六、内在功能条件

1. 创新能力较强

创新是世界一流湾区经济的发展特点，也是湾区经济得以形成的内在条件。只有具备较强的创新能力，才能形成国内外资源的高度聚集，形成一定规模的湾区经济城市群和产业群。

2. 制度供给高效

制度供给是正式规则的供给，供给的主体一般是政府，政府能够提供有效的制度供给，形成完善的市场经济制度，维护好自由竞争的市场环境，才能形成协同高效的城市群和产业群，这是湾区经济形成的制度保障。

3. 外溢效应明显

湾区经济内的城市群之间、湾区经济城市与腹地城市之间必须高度融合和协同，湾区经济的核心城市必须对湾区经济内的其他城市具有很强的外溢效应和辐射作用，湾区经济核心地位的发展也需要湾区经济腹地地区在产业、人力、土地、空间等方面给予支撑，从而形成布局合理、功能完善的湾区经济城市群和产业群。

七、"增长极"理论及其模型

谬尔达尔于1957年提出循环累积因果论，对增长极理论的回波效应和扩散效应进行了研究。随后，这一理论引起了主流经济学的广泛关注，得到不断完善和发展。有关"增长极"理论的模型化，我国的孙久文（1998）将乘数效应引入模型思想的表达，但没有对理论进行完整的模型化；杜俊涛等（2002）对"增长极"理论进行数学模型化，这一模型被后续的学者广泛引用。

根据杜俊涛等（2002）的假定，某一地区分为增长极和腹地，a是增长极地分配的投资比例，b为初始时刻增长极占全区域的产出比例，c 是增长极在地区资本存量中所占的比例，$c<1$；gy_1，gy_0 分别表示地区增长极增长和均匀增长模式下的总产出增长率，gy_{11}，gy_{12} 分别表示增长极增长模式下增长极的产出增长率和腹地产出增长率，g_k 为该地区资本的增长率，A_1、A_2 为增长极和腹地技术水平。

（一）增长极模式下总体增长效果

增长极模式下总体增长效果用指标 z 来表示。z 越大，说明增长极模式的效果越好，扩散效应越明显。z 的数学模式可以表示为：

$$z=gy_1-gy_0=a/c(1-b)(A_1/A_2-1)g_k+ \\ (1-b)[A_1/A_2-1+e(1-a)/(1-c)g_k] \quad (1)$$

并对公式求导数可得：

$$S=\partial z/\partial a=(1-b)/c(A_1/A_2-1)\times \\ g_k-a(1-b)/(1-c)\times g_k \quad (2)$$

令 $S=0$，得到：$c=(A_1-A_2)/[a_1-(1-e)A_2]=c_0$

$$\partial s/\partial c=-(1-b)/c_2(A_1/A_2-1)\times \\ g_k-a(1-b)/(1-c)2\times g_k<0 \quad (3)$$

模型推导结果表明，当增长极的资本存量比例 c 小于某一定值 c_0 时，提高 c，则增长极模式的效果变好；当 c 大于某一定 c_0 时，提高增长极模式的效果则变差。这一结论说明，增长极发展到一定阶段后会遇到瓶颈，继续增加增长极地区的投资比例不利于整体的经济发展，应引导增长极地区对腹地的外溢和辐射，加大对腹地地区的投资比例，从而实现整体的协同发展。

（二）扩散效应与回波效应

扩散效应是指资金、技术、人才等生产要素通过一系列传导机制从增长极地区不断向腹地地区转移发散，辐射并带动腹地地区的经济发展,从而实现该地区的整体发展。

回波效应是指增长极地区从腹地地区吸引净人口流入、资本流入和其他要素资源的流入,从而加快自身发展,并使腹地地区的发展速度降低。

增长极效应是扩散和回波效应的综合效应。使用增长极模式下的总体增长率 gy_1 与腹地增长率 gy_2 之间的差额来表示极化程度(w),其数学表达式为:

$$w=gy_1-gy_2=a(1-a)/(1-c)\times g_k$$

求导得: $\partial w/\partial a=a/(1-c)\times g_k>0$ （4）

模型结论显示,随着新增投资中分配到增长极地区的比例 A 的增加,回波效应也逐步增加。

从各国"增长极理论"的应用经验来看,回波效应一般比较明显而且时间比较漫长,而扩散效应相对较弱,增长极地区与腹地地区的差距将逐渐增大,造成地理上的二元经济结构。因此,要实现协同开放和发展,必须避免某一特大增长极对周边地区的"虹吸"。根据缪尔达尔的理论,政府应积极干预以刺激增长极腹地地区的发展,填补累积性因果循环所造成的经济差距。

(三)"增长极"理论的延伸——"点轴"理论

陆大道于1984年首次提出"点轴"理论。点轴模式是增长极模式的延伸和扩展,也是极点突破的增长极理论与线性推进的梯度转移理论的完美结合。其核心思想:多个增长极通过交通网络连载在一起形成比增长极辐射更广的"发展轴"。

(四)基于增长极及其延伸理论的比较分析

"增长极"理论应用广泛,在许多经济领域都具有很强的解释力,为政府制定和实施的产业政策、城市规划、制度创新、开放布局等宏观政策提供一定的理论依据。

1. 扩散效应与回波效应的比较分析

"增长极"理论表明，资金、技术、人才等生产要素向增长极聚集。这也包括国际资源向增长极点聚集，国际确定的增长极可以迅速吸引国际资金、技术、人才向极点聚集，增长极也因此成为对外开放的前沿和国际交往的平台。

在过去 40 多年的改革开放中，我国的一些大城市获得了国家政策的大力支持，集聚了大量的国际国内人才、资金、技术等要素资源，对周边地区产生了较大的"回波效应"，成为全国对外开放的引领者，其对外开放和经济发展水平远远超过其他地区。

普通城市群经济一般以某一大城市为增长极，其回波效应远大于辐射效应，对周边腹地的辐射范围有限，一定程度上阻碍了区域经济的整体发展和开放。

普通沿海经济的各城市之间的距离相对较远，规模经济效应不明显，无法连成有效的"增长轴"，因此，国际国内要素资源的扩散效应也很有限。

与城市群经济和沿海经济相比，湾区经济一般是由多个优势互补的大城市组成的增长极群，加之城市群沿湾区分布，城市之间距离较近，彼此联系紧密，规模经济效应明显，容易形成以湾区经济核心城市为"极点"的"湾区经济轴"，国际资源可辐射的腹地范围更广，扩散效应更强，最终形成"极点引领，梯度分布"的协同发展格局。

2. 与"一带一路"倡议的关系

北部湾地区是"一带一路"的重要节点之一，北部湾经济区应在"一带一路"倡议中充当增长极的角色，充分发挥北部湾经济区的引领和辐射效应，带动共建"一带一路"沿线国家或地区的开放和发展。

八、基于"引力模型"理论的比较分析

"引力模型"的理论研究引起了经济学界的广泛关注,对其的理论解释主要有两个方向。

一是基于主流经济学理论的推导。Anderson(1979)基于cobb-douglas偏好,并推导出"引力模型",但没有考虑距离"阻抗因素"。Bergstrand(1985)构造了局部均衡模型,并推导出"引力模型"。Anderson,Wincoop(2003)基于不变替代弹性的效用函数重新推导了"引力模型"。

二是基于贸易理论对"引力模型"的理论解释。Deardorff(1995)基于 H-O 理论推导出"引力模型"。Evenett,Keller(1998)基于赫克歇尔-俄林理论、规模报酬递增、垄断竞争模型从专业化生产的角度推导出"引力模型"。Bergstrand(1989)不仅从主流经济学的一般均衡理论推导出了"引力模型",而且进一步从垄断竞争、资源禀赋差异等角度推导出了"引力模型"。

(一)简·丁伯根的"引力模型"

简·丁伯根(1962)构建的"引力模型"如下:

$$X_{ij}=K\times(Y_i)a\times(Y_j)b/(1+eD_{ij})f \tag{5}$$

式中:Y 为国民收入,X 为贸易量,D 为距离,K、e 为常量,a、b 为参数。

(二)构建"引力模型"的拓展模型

假定国外的经济总规模(Y_j)为某一定值;Y_i 为国内某城市的经济规模;$R_i=1+eD_{ji}$,代表国内某城市与国外的平均距离;对"引力模型"(5)两边取对数可得到:

$$LnX_{ij}=\ln K+a\times \ln Y_i+b\times \ln Y_j-f\times \ln R_i \tag{6}$$

对式两边分别对 Y_i、R_{ij} 求微分可得到:

$$(dX_{ij}/X_{ji})/(dY_i/Y_i)=a, (dX_{ij}/X_{ij})/(dR_i/R_i)=-f \quad (7)$$

公式表明，国内某城市对国外的"引力"对其经济规模的弹性为 a，对距离的弹性为 f。参照饶会林（1999），陈彦光等（2002）的研究成果，取 $a=1$，$f=2$。

对外开放的内涵不仅包括物的国际流动，也包括人的国际往来。因此，X 不仅代表贸易量，而且是包括所有贸易、投资、人员交往等诸要素的对外开放的总量，经济规模也应该包括地区生产总值和人口数量两个因素，同时，对外开放实际距离除了空间上的远近之外，还和交通运输速度因子有关。参照饶会林（1999）的处理，本文定义 V_i 为 i 城市的交通运输速度因子，使用 R_i/V_i 代表实际距离。此外，完善的市场制度和包容性的文化氛围有利于与国际接轨，减少国际要素流动的阻力，增强"引力"，促进国际要素集聚。因此，把市场化水平 M_i 和文化包容度 C_i 作为对外开放度正相关的因素纳入拓展模型。

基于上述分析，对简·丁伯根的"引力模型"进行拓展，建立基于对外开放度的模型如下：

$$X_i = K \times (G_1 \times P_1 \times M_1 \times C_1 \times V_{12})/R_{12} \quad (8)$$

即 $O_1 = X_1/G_1 = K \times (P_1 \times M_1 \times C_1 \times V_{12})/R_{12}$ （9）

式中，K 为常量，表示引力系数；Q 为对外开放度；X_1 为对外开放的总量，其中包含贸易、投资、人员交往等；G_1 为地区生产总值；P_1 为人口数；R_1 为距离；V_1 为交通运输速度因子，即交通便利性；M_1 为市场化水平；C_1 为文化包容度。

（三）我国湾区经济对外开放度的比较分析

1. 与普通沿海经济相比对外开放优势的比较分析

假定有 N 个城市，国外的距离足够远，湾区经济形态和沿海经济形态的对外开放平均距离 R_1 的差别可以忽略不计，即 $R_W = R_Y = R$ 相等。其模型分析如下：

湾区经济的对外开放度：

$$O_W = (K/R_{W_2}) \times (P_1+P_2+\cdots+P_n) \times (M_1+M_2+\cdots+M_n) \times$$
$$(C_1+C_2+\cdots+C_n) \times (V_{12}+V_{22}+\cdots+V_{n2}) \qquad (10)$$

普通沿海经济的对外开放度：

$$O_Y = (K/R_{Y_2}) \times (P_1M_1C_1V_{12}+P_2M_2C_2V_{22}+P_nM_nC_nV_{n2}) \quad (11)$$

对式（10）进行多项式的展开，与式（11）比较可知：湾区经济的对外开放度 O_W 大于普通沿海经济的对外开放度 O_Y。

2. 湾区经济与普通城市群经济的对外开放度的比较分析

拥有更短的"对外开放距离" R，即 $R_W<R_C$。根据模型（9）可知：

湾区经济的对外开放度 O_W 大于普通城市群的对外开放度 O_C。综合上述分析，湾区经济因湾区存在可以形成对外开放的合力，且湾区优势使其"对外开放距离"更短，因此具有比普通沿海经济和普通城市群经济更大的开放优势。

3. 湾区经济内部各城市对外开放度的比较分析

湾区经济一般具有弧形或半圆形的地理特点，湾区经济的城市分布可分为 3 个层次：一是湾区经济核心城市，一般由处于海湾的弧形或半圆形线上而拥有出海港口的较大城市组成；二是湾区经济周边城市，一般由临近湾区经济核心城市距离海洋较近的城市组成，湾区经济周边城市和湾区经济核心城市是湾区经济的主要组成部分；三是湾区经济腹地城市，这些城市和湾区有一定的距离，处于湾区经济的外围，但和湾区经济核心城市、湾区经济周边城市因陆路、水路、航空交通的快速通达而联系紧密。

4. 湾区经济对外开放度影响因素的模型分析

湾区经济对外开放模式（9）表明，湾区经济各城市的对外开放度 Q_1 与人口规模 P_1、交通运输的速度 V_1、市场化水平 M_1、文

化包容度 C_1、存在正相关关系，与"对外开放距离" R_1 存在负相关关系。

（1）人口规模 P_1 与对外开放度正相关。对外开放不仅包括物的国际流动，也包括人的国际往来。人口规模大，其人员的国际交往、商务往来、国际旅游等需求也就越大，其对外开放度也就越大。而且人口素质不同，其国际交往的需求也有差异，即使相同的人口基数，人口素质较高的地区，其国际往来的需求也会更多。

（2）交通运输的速度 V_1 与对外开放度正相关。交通发达的城市，人员往来和货物进出的速度快，其成本也就越低，促进了货物的进出口、资本的国际流动、人员的国际往来，因而其对外开放度会更高。

（3）由地理禀赋决定的"对外开放距离" R_1 与对外开放度相关。地理禀赋决定的"对外开放距离"决定了对外交往的海运和空运的成本优势，进而影响对外开放度。

（4）市场化水平 M_1、文化包容度 C_1 与对外开放度正相关。市场制度越完善，文化越具有包容性，国际要素流动的阻力就越小，则吸引力越强，国际要素越集聚，其对外开放度也就越大。

九、港口物流的概念

港口的主要功能是贸易货物的集散，其实质功能就是作为物流的基地、枢纽、节点、企业几项功能的集合体。最初，港口主要集中于货物集散，其在整个物流链中扮演着集结点的角色，承担了大部分国家间的物流往来。随着经济的发展，港口被赋予更多的功能，逐渐脱离原有定位，在整合了其他新兴港口服务后发展成为工业中心和物流中心。

随着物流业在港口的蓬勃发展，区域物流在港口发展中的重要性逐渐引起了学者的关注，研究方向也从原来的发展港口经济转向发展现代港口物流，"港口物流"的概念由此而生，并得到了发展。张丽君等（2005）的研究提出了港口物流的定义：传统的港口物流仅提供货物装卸、存储及转运；现代港口物流是以建立运转中心、配送中心、信息服务中心及货物交易中心为目的，将货物的运转、装卸、存储、加工、配送、信息处理等环节有机结合起来，能够为客户提供多功能、全方位、一体化综合服务的供应链。

港口物流是包含物流产业链所有环节的港口综合服务体系。随着经济的发展，港口结合自身硬件设施和软件设施方面的优势，通过加强对周边腹地经济的辐射力，以港口腹地产业为基础、信息系统为支撑、整合优化港口资源为目标，进一步突出港口在货物集中、储存、配送等方面的功能。港口物流作为一种服务平台，在整个物流活动过程中突出港口这一重要节点，并服务于节点中的一系列物流活动。当今港口的发展反映了一国的对外经济能力和港口城市的竞争力，港口物流则是反映国家综合竞争力的重要指标之一。

港口物流作为物流系统的一个节点具有重要的地位，严格意义上讲，港口物流并不能称得上是一种独立的物流结构。作为物流链条中举足轻重的环节，港口物流是在逐渐发展的过程中形成的一种综合物流体系，为整个物流链提供物流服务和增值服务。随着自由贸易区的兴起，全球经济一体化的进一步深化，国家间的贸易往来将更加频繁，物流速度及密度将大大加强，而港口正是这一重要任务的承担者，同时对外贸易的发展在一定程度上也加大了货物综合运输尤其是海上运输的要求。

1. 港口的功能

港口的功能体现在 3 个方面：第一，港口承担着陆路、水路和远洋等各方面运输链中的大量货物的集结、中转。第二，港口汇聚了大量的货源信息、服务信息等，是一个重要的信息集散中心。第三，港口在国际贸易中又是重要的分流、配送中心。因此，港口以其大规模集疏能力在物流体系中有非常重要的作用，在发展现代物流业、现代物流中心的趋势下，加强港口建设将成为发展现代物流业的重点和主导。

港口主要是指提供水陆联系的一个结点，作为国家的运输通道或门户，其与他国建立海上贸易往来通道并进行对外贸易。港口在全球的生产、货物流通和海洋运输系统中扮演着重要的角色，未来其战略地位将越来越重要，所发挥的作用也越来越大。相比其他物流产品，港口物流产品及其特有的性质，如国际化、系统化、功能化、标准化和信息化是现代港口物流的主要特征。

（1）国际化。当前，世界经济一体化和贸易全球化使国家之间的贸易往来更加频繁，港口作为国家间贸易的中转站作用越来越重要。特别是远洋运输占据了贸易货运量的绝大多数，大量的集装箱和散货在港口集散。港口业务逐渐从主要运输服务转向全方位综合服务，如进口商品代理报关业务、临时存储、配送甚至订货等服务。

（2）多功能化。港口物流正逐渐从单一功能向多功能方向发展，从过去简单的运输服务向提供储存、配送、管理等高附加值服务发展。港口物流的多功能化提高了港口的服务能力，实现了用户门到门的服务模式，逐渐形成一体化物流中心，为企业的生产和销售提供更有效率的服务，从而提高了整个社会的生产力和经济效益。

（3）系统化。港口物流逐渐从单一的零散的服务向更系统化的服务方向发展。服务逐渐向生产和消费两端延伸，扩展为仓储、运送、包装、加工等多功能服务于一体的综合物流系统，逐渐缩小了生产者与消费者之间的物流环节，不仅降低了全社会的物流成本，同时也提高了物流效益，实现了利益最大化与成本最小化的经济目标。

（4）信息化。随着网络信息技术逐渐应用到港口物流中，产品流动更加快速和便捷，物流效率更高。当前，港口作为现代物流体系的中心，不但是货物的集散地，同时也是信息的集散地。

货物流和信息流将物流系统划分为实物物流系统和信息物流系统，随着网络应用和电子商务的进一步发展，对于信息物流系统收集、分析、预测等信息服务的需求将越来越大。信息物流系统与实物物流系统相辅相成，信息流的地位将更加重要，信息化也将是港口物流发展的必由之路。

（5）标准化。标准化对于港口物流的国际化发展至关重要，从商品包装到货物搬运、从流通加工到信息处理等各个环节都采用国际统一标准，对于促进国家间的物流系统更有效地运作十分有益。

2. 沿海五大港口群物流发展与不足

我国拥有 1.8 万千米的海岸线，承担着 85%以上的外贸货物运输，上海、大连、天津、秦皇岛、宁波、青岛、广州、深圳等八大港口货物吞吐量均超过亿吨。随着我国国民经济的快速发展，集装箱吞吐量迅速发展，集装箱的大型化成为我国港口经济发展的亮点，我国已成为世界集装箱吞吐量快速增长的主要推动力量，与美国、欧洲、亚洲之间出现了前所未有的贸易流量。

为了适应港口的迅速发展，我国将港口划分为渤海港口群、长江三角洲港口群、东南沿海港口群、珠江三角洲港口群及西南沿海港口群五大港口群，以集群的形式突出综合性大型港口的作用，以强化集群内综合性大型港口的主体作用。

环渤海地区港口群主要由辽宁、津冀和山东沿海港口群组成，服务于中国北方沿海和内陆地区的社会经济发展。其中，辽宁沿海港口群以大连东北亚国际航运中心和营口港为主，津冀沿海港口群以天津北方国际航运中心和秦皇岛港为主，山东沿海港口群以青岛、烟台、日照港为主。

长江三角洲地区港口群依托上海国际航运中心，以上海、宁波、连云港为主，服务于长江三角洲以及长江沿线地区的经济社会发展。

东南沿海港口群以厦门、福州港为主，服务于福建省和江西省等内陆省份部分地区的经济社会发展和福建沿海与金门、马祖地区直接往来的需要。

珠江三角洲地区港口群由粤东和珠江三角洲地区港口组成,依托香港经济、贸易、金融、信息和国际航运中心的优势,在巩固香港国际航运中心地位的同时,以广州、深圳、珠海、汕头港为主,服务于华南、西南部分地区,以加强广东省和内陆地区与港澳地区的交流。

西南沿海地区港口群由粤西、广西沿海和海南省的港口组成,以湛江、防城、钦州、海口港为主,服务于西部地区开发,为海南省扩大与岛外的物资交流提供运输保障。

中国沿海所规划的环渤海、长江三角洲、东南沿海、珠江三角洲和西南沿海五大港口群布局,符合我国经济发展的客观需要。长江三角洲港口群建设重点为上海、宁波、舟山等港;珠江三角洲港口群的建设,旨在巩固香港国际航运中心地位的同时,充分发挥与粤港两地港口资源优势,重点以深圳和广州港为主;渤海湾港口群建设的重点是以大连、天津和青岛港为主,以及辅助港的集疏运系统;东南沿海港口群主要是以厦门港为干线港,相应发展福州、泉州等支线港的集疏运系统;西南沿海港口群主要是以湛江、防城、海口等支线港组成的集装箱运输系统。

3. 我国沿海港口物流发展中的不足

我国五大港口群的港口规模不断扩大,对于经济和对外贸易的拉动作用日渐体现出来,但是由于我国的发展历程远远落后于西方发达国家,不论是观念上还是技术上都存在不足,导致我国港口物流的发展存在以下问题:

一是我国港口基础设施还需加大投入。我国港口五路的整体水平较低,这不仅体现在量上,即深水泊位个数、较大港口数目等都处于世界上比较落后的水平,与美国等发达国家相差甚远,还体现在量上,我们的物流技术水平较低,即使是处于国内领先水平的较大港口如上海港，与发达国家相比，其技术水平也略显落后。

二是大型化码头不足，深水航道的缺乏制约了我国港口物流的增长。随着对外贸易的发展，船舶日益大型化。大型船舶对港口物流的要求体现在需要大型码头深水泊位停泊，需要深水航道运输，而我国在这些方面还比较缺乏，不能适应随着外贸的发展而带来的这些变化。这会制约我国港口物流的发展，进而影响我国对外贸易。

三是体现出我国对港口物流基础设施特别是信息化建设的重视不足。在较发达的地区，电子商务已应用于国际物流中，迫使我国港口和港口企业开展信息化建设。但是目前我国存在"投入高，效率低下"的现象，以致很多花了大价钱完成的信息化建设项目成为摆设。归根结底，在于我国港口物流服务的信息化意识不强，没有意识到信息化建设在港口物流中的重要性。因而，我们应该加强港口的信息化管理，这对于搞好港口物流，满足国内外客户的需求有着重要意义。

四是我国现代物流人才缺乏。港口物流需要的是能掌握供应链上下全部信息的人才。因为港口物流的特殊性，港口处在国际物流的结点位置，它集合了上下游企业以及国内外企业的产品、信息、资金等资源，涉及多方面的知识，包括经济、物流、信息技术等。仅仅掌握一方面或某些方面知识的人员还不足以把握全局，因而需要全方位的人才。

第二节 湾区经济发展与港口物流协同发展对策

一、优化我国沿海港口物流基础设施建设

我国具有天然的港口自然优势，所以在开发港口海岸线资源

时，我们应该合理开发，不要造成资源的浪费，对港口资源进行优化配置。同时，随着对外贸易的升级，我们对港口资源进行开发，对港口物流进行投资时，还应逐步将对港口扩容等量的增长转移到港口的综合服务能力提升和内涵增长上，防止或避免盲目建设港口。加大对大型化、专业化深水泊位的建设，以跟上我国对外贸易不断发展及结构不断优化带来的船舶大型化等方面的变化。港口物流的基础设施不仅要在"量"方面加大投入，更重要的是，要在"质"方面加以重视，合理利用现有资源，优化基础设施建设，提高基础设施建设的水平。

二、提高港口物流企业服务水平

港口物流企业作为港口物流作业的主要承担者，担负着提高港口物流水平的重任。首先，要改变以往单一的服务方式，逐步向多样化的服务转变，如建立仓储中心、提供加工服务等，以提高服务的附加值。其次，港口物流企业要避免港口内的无序竞争、打价格战等效率低下的竞争，要在港口内众多企业中实现突破，寻求差异化竞争，如提供差异化服务。中小港口应避免与大港口提供同质服务，而是要提供不一样的服务内容，填补市场空缺。港口内的物流企业可在政府的引导下形成集群企业，共同向外提供服务，而不是一窝蜂上，浪费资源。最后，港口物流企业应引进先进技术和管理方式，以适应经济方式的转变所带来的贸易结构的变化。以往的对外贸易以初级产品和原材料为主，对于物流服务的要求不高，但是随着贸易方式的转变，越来越多的高附加值、高精细产品的进出口增多，要求物流企业提供更加高效、安全的服务，这对物流技术、物流方案的设计等都提出了要求。

三、加强港口物流信息化建设

随着电子商务在国际贸易中运用越来越广泛，港口物流的信息化建设也迫在眉睫。电子商务可以提高物流过程的方便度、快捷程度、降低物流成本,实现物流过程的全程跟踪,实时掌握物流情况,从而提高物流的安全性。结合当前我国信息化建设的实际情况,我们可以从以下几方面进行:一是平台的建设。企业的信息化建设需要平台,所以物流企业应该首先进行网络建设和硬件方面的升级,以利于电子商务的顺利实施,为电子商务的实施提供良好的平台。二是根据客户的需求不断进行信息系统的升级和改进。客户的需求日新月异,企业的信息化要跟上科技发展的脚步。三是企业应该建立管理信息系统,合理调配整个企业内部的资源,规范各项环节,整合各种资源,为电子商务的实施奠定基础。

四、加快港口物流人才建设

人才的建设一直是企业建设的重点,港口物流业也如此。并且对于港口物流的发展,对于人才各方面的知识和技能要求也更高更全面。首先,港口物流要求的人才是能掌握供应链上下全部信息的人才。因为港口物流的特殊性,港口处在国际物流的结点位置,它集合了上下游企业,国内外企业的产品、信息、资金等资源,涉及多方面的知识,包括经济、物流、信息技术等。仅仅掌握一方面或某些方面知识的人员还不足以担任把握全局、把握供应链全局的任务。所以港口物流需要全方位的人才。其次,港口物流企业需要具备良好的沟通能力、丰富的管理经验、灵活的应变能力的人才。因为港口物流服务需要和各方打交道,这对企业人员的沟通能力和管理经验提出了很高的要求,如何满足上下游企业的需求,做好第三方企业的服务工作,需要良好的沟通技巧。另外,港口运输大部分为远洋运输,企业需要承担较大的风险,这需要企业人员具备灵活的应变能力,以随时应对可能的风险,做好产品的跟踪,满足客户的需求。

在这样的背景下，港口物流企业对于人才的引进与培训做出了各种尝试与努力。一方面，从市场上招募具有丰富经验的全方位人才；另一方面，对企业内部人员进行各种培训，包括管理方面和技术方面的不同培训，以针对不同的人群。同时，社会各界也在培养港口物流所需要的人才，如高校和培训机构。

五、组建港口物流联盟

五大港口群的划分有利于合理整合区域内的港口优势，提高我国整体港口水平。因为相邻港口之间如青岛港与日照港，由于它们处在同样的地理位置，拥有相同的区位优势和自然条件优势，在提供服务上难免会有同质化竞争，造成资源的不必要浪费；抢夺国家拨款建设港口的现象时有发生。如果无序开发小港口，这不仅是对国家资源的浪费，同时也会降低港口对外物流服务水平。所以在规划中提出的将我国港口划分为五大港口群，对相邻区域内的港口进行整合，在每个区域内形成整体优势。根据我国的五大港口群规划，环渤海地区由于地处东北，主要打造成面向东北亚的国际航运中心，长三角地区则主要打造为国际航运中心，而东南沿海地区则主要打造沟通海峡两岸的重要枢纽，珠三角地区则是加强港澳地区与内陆省份的交流，西南沿海地区主要服务于西部大开发和西南沿海国家的贸易往来。这样的差异化竞争避免了区域间的恶性竞争、无序竞争，能更好地发挥区域优势，从而实现整体效益的最大化。

第九章 湾区经济模式下港口物流发展对策——以钦州港为例

第一节 空间均衡策略

一、空间、空间结构、产业空间结构的概念界定

在研究广西北部湾经济区产业空间结构之前,有必要对空间、空间结构、产业空间结构的概念与内涵进行描述和界定。

1. 空间

《辞海》对空间的定义:空间指物质存在的广延性和伸张性,空间和实践不依赖于人的意识,具有客观性。根据学科不同,我们将空间分为地理空间、数学空间和经济空间。

(1)地理空间是指物质、能量、信息的数量及行为在地理范畴中的广延性存在形式。主要内容有地理事物在空间中的分布形态、分布方式和分布格局及其互相作用、互相影响的特点。

(2)数学空间是地理空间概念的延伸和抽象。如拓扑空间、双曲空间、黎曼空间、各种函数空间和欧几里得空间等,它们反映了人们对空间结构各种属性认识的发展。

(3)经济空间是经济现象和经济活动在一定地理范围以所分布的位置、形态、规模和相互作用为特征的存在形式和客观实体。它反映了以地理空间为载体的经济活动的区位关系和空间形态。它不仅是经济活动的"容器",而且体现了经济活动客体的属性和

相关关系，是区域发展的指示器。从这个意义上说，"经济空间"的实质是"经济活动空间"。

2. 空间结构

结构，原指建筑物的内部设置，常用于土木工程方面，所指对象是实体，引用到社会科学中是指被研究对象所具有的系统性、持续性及可辨认的特征。

在经济学中，空间结构是指社会经济客体在空间中的相互作用及所形成的空间集聚程度和集聚形态，有狭义和广义两层含义。广义的空间结构是指包括自然、社会、经济要素在内的地域结构，它一方面指地球表面的物质形态，另一方面指人类经济活动，这是从地理学的视角来定义空间结构的。狭义的空间结构则是指经济空间结构，是经济地域的主要物质内容在地域空间上的相互关系和组合形式。

我们将空间结构定义为：用来组织空间，并涉及社会经济活动运行和结果的模式。它主要有以下内涵：① 它是以一定的地域范围为基础的，经济客体的存在及经济活动的开展都要依存于一定的自然地理空间。② 它包含各种经济元素依照某一经济原则而形成的空间布局体系，强调各种经济元素之间的相互关系和相互作用。③ 它是社会经济活动的空间投影，受历史因素及客观条件的影响，人类社会经济活动在空间中存在差异，因此区域空间结构反映出经济空间发展的不均衡性。

一般的，区域的经济空间结构主要由点、轴线、网络、域面四大基本要素构成。点是指某些经济活动在地理空间上集聚而形成的点状分布状态，以城镇为载体，是区域经济的核心，发挥区域经济增长极的作用。轴线是将分布在空间中的节点联系在一起的重要通道。根据经济活动的性质，轴线包括交通干线（由铁路、公路、水运、航空等组成）、通信线（由各种通信设施组成）、能供给线（由各种能源设施组成）、给排水线（由各种水利设施组成），

第九章　湾区经济模式下港口物流发展对策——以钦州港为例

以及由一定数量的城镇做线状分布所形成的线。网络是连接空间结构中的点与线的载体，由相关的点和线相互衔接而成。其作用在于使连接起来的点和线产生孤立的点和线不能完成的功能。区域经济运行中的各种物质流、资金流、信息流、人口流动，正是依赖于网络的形成与完善才得以实现和加速。域面是由区域内经济活动在地理空间上所表现出的面状分布状态。如农业空间分布所呈现的域面，各种市场所形成的域面，城市经济辐射力所形成的域面。域面具有确定的空间范围，依赖于点、线要素而存在。

3. 产业空间结构

产业空间结构，又称产业地域结构，是指人类经济活动在一定地域范围内的空间组合关系，具体说，就是经济地域的各种经济活动在空间上的相互关系和地域上的组合关系。产业空间结构包括两个核心要素，即产业结构及空间结构。产业结构是各产业的构成及各产业之间的联系和量的比例关系。空间结构是一个综合地域概念，是产业部门在地域空间上的落实，它包括一个地域的宏观格局与框架、区域的产业布局及产业的空间组合关系、区域的各级经济中心及外围。产业与空间如何结合，即在何地布局何种产业，形成何种产业空间结构，决定了资源的配置效率。因此，产业空间结构并非产业结构和空间结构的简单相加，而是两者相互结合而形成的一个相互联系的有机系统。

从系统论的角度，我们将产业空间结构定义为：一定区域内各种生产投入要素所形成的生产组合，在空间形态下形成的综合物质实体。在这个综合实体中，首先体现的是实体中的产业结构及空间布局是否与该地区的区位条件、社会经济发展水平、生态环境相适应。其次是城市的等级规模是否与产业经济发展水平相适应。作为产业发展的载体，城市的等级规模直接决定了产业发展的重点与方向。最后是空间之间的相互联系和作用。这种联系和作用包括区域与外部之间的联系、区域内部中心与外围之间的联系。总之，区域产业空间结构不是产业结构与空间的简单相加，而是区域产业结构与空间相互作用的有机整体，共同作用于区域经济的增长及区域内的微观经济组织。产业空间结构通过一定的空间组织形式将生产要素组合起来，优化生产要素的空间配置，促进区域经济协调、持续健康发展；同时通过升级演化，实现其动态化、协调化、高级化发展。

为加快广西北部湾经济空间持续、快速发展步伐，提升区域经济综合竞争力，针对广西北部湾地区的地理客观条件和产业发展基础，紧紧抓住其发展的历史机遇，合理调整产业空间结构。我们从发展定位、发展思路出发，合理选择广西北部湾产业发展重点、产业空间发展模式及其空间布局，对广西北部湾产业空间结构调整措施进行探讨。

二、广西北部湾产业发展定位、目标与思路

1. 发展定位

20世纪90年代以来，经济全球化和知识经济浪潮席卷全球，全球制造业和劳动密集型产业由发达国家或地区向发展中国家或地区转移的速度明显加快。在这次浪潮中，中国制造业和国际贸易获得了优势，出现了以重化工产业引领经济增长的新高潮，重化工业的技术基础正在迅速提高。

重化工业主要包括石油、钢铁、机械设备、汽车、造船、化工、建材等工业，与现代传统重化工业相比，现代重化工业正日益成为资金和知识密集型产业，是当今世界上市场规模极大、产业关联度极高的产业，它可以支撑一个国家或地区长达数十年的快速增长。

国际经验表明，重化工业是一个国家和地区工业发展的必经阶段。根据广西北部湾经济区的区位特点、资源情况以及工业基础薄弱的现实，在全球化背景下，经济区应抓住机遇，承接国际

第九章 湾区经济模式下港口物流发展对策——以钦州港为例

国内产业转移。其产业发展定位是：深化分工与合作，按照时间继起、空间联动的原则，优先发展重化工业和现代物流业，增强对西南腹地的辐射作用，推动产业和经济的快速发展，并根据重化工业规模经济和集聚效应的要求，依托北海、钦州、防城港三大港口和国内国际两种资源及两个市场，促使石化、钢铁、高端制造业等重化工产业集群，使之成为拉动经济增长的引擎，同时形成关联产业循环配套，信息、贸易、旅游等现代服务业协调发展的循环经济产业综合体，带动大西南进入新一轮的快速增长期。

2. 发展目标

从产业结构来看，广西北部湾经济产业发展的目标是优化产业结构、转变经济增长方式。到2020年基本形成合理的产业结构，改变目前产业结构层次低、工业结构性问题突出的局面，大幅提高工业比重，立足提高自主创新能力，更多依靠科技进步推动经济发展。

从具体产业行业的发展来看，广西北部湾经济区产业发展的短期目标：优先发展重化工业，提高科技水平，改造和提升传统产业，发展产业集群；高起点、高标准建设能源化工基地，促进产业国际化、规模化、集群化。

广西北部湾经济区产业发展的中期目标：在与初期目标适应的前提下，面向东南亚和西南地区，重点发展先进制造业和高新技术产业，延伸原有产业链条，提高协作配套能力。

广西北部湾经济区产业发展的长期目标：稳步发展海洋产业、信息产业、高端服务业。以东盟博览会为契机，加快信息园建设，加强与东盟各国的经济合作与交流。

3. 发展思路

广西北部湾经济区应充分发挥区位优势、港口优势的现代物流和商贸业。南北钦州防经济带是连接我国西南地区、华南地区和东盟各国的重要通道，对于发展现代物流、仓储运输等新兴服务业具有得天独厚的优势。大力投资发展货物运输、货代、仓储、货运场、会展等相关行业,建成中国—东盟自由贸易区内重要的综合性物流基地;同时,扩大港口运输业,拓展国际集装箱运输和中转、加工、仓储及贸易业务,将南北钦防建设成联系珠三角、西南地区和东盟市场的石化、矿产、粮食物流等中转基地和贸易中心。

充分利用中国—东盟自由贸易区、"一带一路"倡议、泛珠三角合作、中越"两廊一圈"建设所形成的"投资-出口拉动"型发展契机。借助这一契机,以招商引资和扩大出口为动力,以基础设施建设为先导,以发展支柱产业、特色产业为核心,以加快大工业布局为重点,逐步形成广西沿海现代化的基础设施体系、互利共赢的协作体系、竞争力强的产业体系、统筹协调的城市体系、外向带动的通道经济体系、区域经济一体化的市场体系,使广西北部湾经济区成为全区开放开发的引擎和龙头,成为中国—东盟自由贸易区重化工基地、加工制造中心、物流中心和商贸中心。

三、广西北部湾产业发展重点

整合广西北部湾经济区资源优势,实现产业耦合,加快培育发展沿海石化、林浆纸、能源、钢铁及其延伸产业,实现石化、钢铁、林浆纸、现代物流等产业的集聚。突出抓好几个重点:建设沿海石化基地;建设沿海林浆纸一体化产业基地;建设沿海能源基地;建设沿海钢铁基地,积极培育用钢产业,规划布局大型修造船项目和集装箱制造项目;建设铝加工基地,把广西北部湾经济区打造成为广西最具实力的工业区和泛北部湾示范园区,使经济区成为中国西南经济的亮点。

(一)石化、钢铁产业

1. 石化产业

石化产业既是能源工业,又是基础原材料工业,资金技术密集,产业链长,对相关产业带动性强,对地区经济发展具有较强的支撑和拉动作用,因此石化产业是广西北部湾经济区重点发展的临海重化工业。

广西北部湾发展石化工业,除了前面所提到的区位优势外,还有政策优势、工业基础优势、市场优势和资源环境容量优势等有利条件。一是工业基础优势。目前,北部湾经济区在机械、冶金、配套化工等方面已具备了一定的工业基础,同时,随着中国—东盟自由贸易区的进一步发展,经济区内的基础设施建设正在不断完善。二是市场优势。随着大西南、泛珠三角及长三角等区域经济合作的不断推进,经济区石化产业以及相关制造业在国内的市场将更加广阔。同时,随着中国—东盟自由贸易区的进一步发展,这个拥有17亿人口的庞大市场,都将为经济区石化产业的发展提供巨大的市场空间。三是资源与环境容量优势。经济区内拥有丰富的土地资源、水资源、海洋资源和大气资源,资源状况良好,环境容量大,为发展石化产业提供了良好的自然环境;经济区内港口资源丰富,防城港、钦州、北海都具有建设吞吐能力达亿吨以上大港口的条件,具备建设组合港口群和建设区域性枢纽港的有利条件。

目前,广西北部湾经济区的石化产业有了一定的发展,但产业链短,布局分散,环保压力增大,都是不容忽视的问题。未来,石化产业的发展,应加大力度培养和引进人才,增强自主创新能力,突破技术发展瓶颈,延长石化产业链,优化产品结构,重视环境保护,走可持续发展道路。

2. 钢铁产业

广西北部湾经济区具有国内外资源的条件,也具有港口交通运输便利的优势。充分利用沿海便于原材料和产品大进大出的区域优势,布局大型钢铁联合企业,发展钢铁及钢材产业,并带动钢铁制品、炼焦、机械制造等相关产业的发展,形成沿海钢铁产业集群。做大做强钢铁冶炼，精深加工项目，发展科技含量高、经济效益好的优质钢材。重点发展热轧薄板、镀锡钢、镀锌板、不锈钢、低合金高强度结构钢、电工钢、冷轧薄板、冷镦钢、弹簧钢、齿轮钢、磨具钢等优质钢材，使其逐渐发展为国内一流的钢铁精品生产基地。带动钢铁制品、炼焦、机械制造、住宅产业、物流配送等相关产业的发展。

（二）轻工食品、现代物流业

1. 轻工食品产业

轻工食品产业是广西的特色优势产业，也是广西北部湾经济区的支柱产业之一，主要有制糖业、粮油加工业、食品饮料制造业、烟草业、木薯加工业、剑麻加工业。北部湾经济区中的南宁、崇左市主要的产糖区，规模较大的企业有南宁糖业、东亚糖业、洋浦南华糖业、农垦糖业、永凯糖业、湘桂糖业等。粮油加工业也是经济区各市的支柱产业，有大海粮油工业（防城港）有限公司、嘉里粮油（防城港）有限公司、钦州大洋粮油公司等企业。

近年来广西轻工食品产业虽然发展很快，但总体来说，规模小，产品附加值低，除制糖、卷烟、粮油加工有规模较大、品牌优势明显的企业外，中小企业仍占很大比重，整体规模小。为加快广西北部湾经济区轻工食品产业的发展，应加强技术创新和人才培养，利用沿海区位优势和运输成本低廉的优势，在已有基础上进一步扩大生产能力，延长产业链，提高深加工程度，增加附加值。同时，进一步扩大对外开放合作，实施"走出去"和"引进来"，鼓励有条件的企业利用"两个市场、两种资源"，打破贸易壁垒，到国外投资办厂或者发展来料加工贸易，积极开拓潜在市场。加大农产品加工项目的招商引资力度，用以改善广西农产品加工业尤其是果蔬加工业过于薄弱的问题。加强与全国各省市和东盟及共建"一带一路"国家或地区的全面经济合作，承接国内和东盟的产业转移，为东盟及共建"一带一路"国家或地区进入中国以及中国企业走向东盟架起桥梁，促进双边贸易和投资的双向流动，同时增强自己的经济实力，努力实现"产业引进—升级走出"和"产业走出—升级引进"的良性联动。

2. 现代物流业

现代物流是在传统物流的基础上，引入高科技手段，利用先进信息技术和物流装备，并对物流信息进行科学管理，整合传统运输方式、储存、装卸、搬运、包装、流通加工、配送、信息处理等流通环节，实现物流运作一体化、信息化、高效化运营的先进组织方式。广西北部湾经济区发展的定位是，将其建设成为中国与东盟的区域性物流基地、商贸基地、加工制造业基地和信息交流中心，现代物流业已成为经济区优先发展的产业，是未来广西临海大工业跨越式发展的支撑点。

近年来，广西北部湾经济区商贸物流迅速发展，社会消费品市场以及外贸进出口市场活跃，物流流通基础设施不断完善，保税物流体系框架基本形成，物流企业快速发展，服务功能逐步增强，但从流通业的角度来说，物流产业的发展还存在不少问题。如物流企业实力不强，标准化、规范化程度低，科技含量低，企业信息化建设起步晚，流通现代化水平在全国处于落后状况，流通组织形式和流通方式发展不平衡，仍以自营物流为主，现代物流企业较少，管理水平及技术水平落后，连锁经营、现代物流配送、电子商务平台近年虽有较大发展，但与发达地区相比，发展仍相对落后，整体效益不突出。

为推进广西现代物流产业的发展，加快形成广西北部湾经济区物流支撑体系，应加大以下几个方面的工作力度：一是加快完善物流基础设施建设，为物流产业发展提供稳固基础。主要完善物流基地、物流中心、配送中心、港口、场站、仓库、公路、铁路、机场等基础设施，配备先进的物流设备以优化各种运输方式的衔接，减少物流成本，提高物流效率。二是引进物流龙头企业，壮大现代物流市场体系。现代物流市场体系的建设，核心是要培育物流龙头企业，构建现代物流发展的微观基础。北部湾要发展大物流，必须积极培育、引进现代物流企业，培育和引进具有区域物流网络组织功能的大型物流龙头企业，组建一批物流示范企业。充分发挥龙头企业的带动与整合作用，实现物流业的跨越式发展。三是加大政策扶持力度，为物流发展提供政策支持。通过出台政策，加大对物流产业的扶持，鼓励和引导行业健康发展，重点是建立有效的政府组织协调机制、重点企业培育机制、行业自律和市场监管机制以及物流标准技术的推广机制等。

（三）海洋产业

海洋产业是广西北部湾产业发展的重头戏。近年来，广西海洋产业出现了快速发展的势头，多数海洋产业发展前景一片大好，尤其是海洋油气业、海洋渔业、滨海旅游业、海洋交通运输业和海洋船舶工业等产业呈现出良好发展态势。但总体而言，目前广西海洋产业仍处于初级发展、粗放型开发的阶段，产业门类齐全，以低技术、传统产业为主，传统的海洋渔业产值在广西海洋产业总值中比重较高。

应重点发展海洋渔业、海洋运输、海洋生物制药、海洋化工、滨海旅游等海洋产业，开展海洋矿产、油气等资源的勘查与开发。海洋渔业按照"近海捕捞与远洋捕捞相结合，海洋捕捞与海水养殖并重"的方针，推进该区域渔业结构的战略性调整；巩固和保护合浦营盘及防城港白龙尾珍珠传统养殖基地，逐步推广深海育珠技术，改良贝种，提高珍珠产品质量；在沿海三市建设一批对虾、牡蛎、青蟹、优质鱼等养殖示范区，促进传统养殖业升级，拓宽渔民转产专业渠道。海洋运输业要整合资源、明确定位、完善功能、体制创新，大力发展以港口为中心的物流产业，将北部湾港口建设成为西南、中南地区货物出口基地，积极开辟运输航线,加强海洋运输船队的建设。滨海旅游业在拓展北海银滩、防城港金滩、钦州七十二泾旅游区功能的同时,进一步完善以海岛风光、渔港风情为特色的涠洲岛、江山半岛等旅游区功能,开发集渔业观光、科普考察、生态旅游于一体的营盘珍珠文化、山口红树林景色旅游区。海洋生物开发以自主知识产权为核心,着力培养诸如珍珠贝中提取天然牛磺酸、利用甲壳动物生产壳聚糖等一批具有高成长性和地方特色的海洋生物制药、保健品及海洋功能性食品。

(四)高新技术产业

广西北部湾经济区高新技术产业经过30多年的发展,已初具规模,产业集群特征逐步显现,特色主导产业逐步依托产业园区大力引进电子、信息、生物与制药等高新技术产业项目,引导产业集聚,支持现有高新技术企业加快技术改造,促进广西北部湾经济区高新技术产业集群蓬勃发展。

电子信息产业方面,以北海高新技术产业开发区为载体,建设北海电子信息产业基地。医药工业方面,依托北海、钦州的资源和产业发展优势,以北生药业、方舟药业、健康元药业、银河阳光生物制药等企业为龙头,重点打造"南药"品牌,发展生物制药,大力发展海洋药物,加快发展中成药,积极培育发展化学原料药和化学药制剂。重点支持苦瓜综合利用、头孢类原料药合成基地等项目。

生物产业方面,利用木薯、甘蔗等资源丰富和进口便利的优势,加快发展生物质产品、生物质能源、生物质化工和生物质材料,形成新兴产业。重点发展燃料乙醇、高档系列变形淀粉和其他生物质产品。发展北海燃料乙醇、钦州和南宁木薯酒精灯项目以及建设国家生物质产业,把广西建设成为国家生物质产业示范基地。

在高新技术产业发展思路方面,首先,应健全适合高新区发展的管理机制，健全科技创新机制，实现由优惠扶持政策转移到高新区自身产业发展优势上来，由外延发展方式转移到依靠科技创新、机制创新和集约化发展上来。其次，大力培育高新技术产业集群，强化产业发展配套能力，完善产业发展的配套设施，形成从研究开发、生产管理到物料采购、开拓市场等相互配套的产业发展环境，着力推进南宁、北海量大高新技术产业（园）区创建国家级创新型园区的建设，充分发挥高新技术产业开发（园）区的产业集聚和辐射带动作用。最后，加强高新技术产业化服务平台建设，组建经济区高新技术产业化促进中心，推进高新技术产业化服务平台建设，具体承担高新技术产业化的信息发布、政策咨询、项目管理、技术服务、配套对接、绩效评估等工作。

四、广西北部湾产业空间结构调整措施

（一）加强基础设施建设，增强硬件保障能力

地方政府应该积极加大城市公共基础设施建设，加快基础设施建设和结构调整步伐，进一步增强基础设施对城市发展的保障能力，提高基础设施服务的水平。一是增强能源、水源、粮食安全保障水平，通过加强电源、电网和城市天然气利用工程建设，进一步健全资源能源保障体系。合理开发利用水资源，加快能源建设，优化能源结构。加快石油、煤炭资源探勘开发进度，大力推进风电、地方水电等清洁能源建设，积极开展核电前期工作。二是加快交通基础设施建设，积极推进机场、港口、航道工程、轨道交通网、城市道路网、一线口岸等重大交通基础设施建设，进一步改善综合交通运输网络状况。提升对外客货运吞吐能力，改善路网空间布局，加强城市对外通道的建设，此外还要强力推进轨道交通建设，构建起立体化的轨道交通体系。三是加快科教文卫等社会事业项目建设进程，这其中包括积极推进基础教育和高等教育硬件设施建设，满足基础教育和高等教育需求，加大科

第九章　湾区经济模式下港口物流发展对策——以钦州港为例

研机构项目建设的扶持力度。

（二）加强统一规划，促进城市群协同发展

城市群内各个城市的协调发展对于推动整个区域的快速健康发展相当重要，如果区域发展不协调，甚至会影响该区域的可持续发展。广西北部湾经济区除南宁外，城市规模均过小，区域凝聚力不是很强。因此，要合理规划，充分利用后发优势，同时应积极调整产业结构，避免产业结构趋同及重复投资和建设，并制定相关产业政策和区域政策，加快第三产业、临海工业和海洋产业的发展，壮大城市规模，发挥城市集聚效应和辐射功能。产业发展与布局要围绕其港口优势，重点发展港口运输、贸易服务、临海工业和海洋产业，以北部湾丰富的油气资源为基础，发展石油化工、电力、冶金、制糖、建材等化工业和利用海洋资源开展海洋油气资源开发，发展以海水养殖、海产品加工、滨海旅游等为内容的海洋产业，依托区内的重要城市，合理布局生产力，积极推动经济区内各城市之间的良性联动，大力发展北钦防地区，尽量使之与南宁的实力相匹配，实现区域的协调均衡发展。

（三）扩大对外开放，加强区域经济合作

国际国内经济合作能有效克服资金缺口进而解决高级生产要素严重短缺问题，外部要素与内部机制结合激发新型工业化建设的巨大能量。从世界范围来看，绝大多数国家和地区很少全部具备自然、资金、技术、人才等资源优势，而只是拥有其中一种或两种资源优势，可以吸引其他资源进行空间组合，从而形成现实的生产力。日本及亚洲四小龙的经济奇迹可以认为是外部要素与内部机制结合的成果。目前，国际国内有许多游资寻求更高收益的投入，发达国家将大规模地向中国进行重化工业技术转移。以船舶修造业为例，大型造船企业正逐步从日本、韩国等地向中国转移，泛北部湾合作背景下的广西北部湾经济区，有望成为船舶制造业主要的转移地。沿海地区正向西部地区产业转移，只要创造良好的投资环境，外来资金的投入往往伴随先进技术的采用及先进管理方法的运用，通过国际国内经济合作就能有效克服高级生产要素短缺问题。在国际国内经济合作的过程中，广西北部湾经济区应加强与国内外著名企业的合作，以资源换技术，借壳上市，进入资本市场融资，扩大对外开放开发领域，加快区域经济合作步伐。

（四）完善激励机制，吸引和培养紧缺人才

为了推动南北钦防城市群的快速发展，吸引和培养紧缺人才势在必行。由于广西北部湾经济区的地理条件及经济发展水平相对落后，想要吸引外部优秀的人才，完善的激励机制是重要的条件之一。要为优秀人才解决后顾之忧，并为其发展提供广阔的舞台；同时也要不断提供奖励措施，激励区域内的人才积极投入到发展广西北部湾经济区的工作中去，并为其提供优厚的条件，鼓励其为广西北部湾经济区的建设做出贡献。

（五）加快转变政府职能，创造良好的投资和发展环境

加快转变政府职能，建设快捷、高效政府。按照有所为有所不为的原则，加快推进政企、政事分开，切实把政府的管理职能转变到创造良好经济发展环境和为市场主体服务上来。一是按照精简、统一、高效的原则，深化政府机构改革，改进管理方式，推行电子政务，提高行政效率，降低行政成本。二是完善宏观调控机制和方式，发挥市场配置资源的基础作用，健全市场监管体系，保持经济平稳较快发展，确立企业的投资主体地位。三是加强政府的社会管理和公共服务职能，完善社会政策，着力解决人民群众反映强烈的教育、医疗、就业、社会保障及收入分配等方面的突出问题，为群众办实事，维护社会公平正义与和谐稳定。四是建立制约政府行为的有效机制，全面推进依法行政，加强民

主监督、行政监督和社会舆论监督，防止滥用权力，坚决惩治商业贿赂等腐败行为，塑造政府良好形象，提高政府公信力。

第二节　区域联动策略

一、港口与区域经济联动发展的理论基础

1. 现代港口的形成

港口是社会经济发展的必然产物，伴随着工业化进程而发展。联合国贸易组织根据工业化前期、工业化时期、工业化中后期、后工业化时期把港口划分为4个阶段：第一个阶段是单纯的运输中心，只负责提供仓储和运输等简单的物流服务。第二个阶段除了提供仓储和运输物流服务外，还增加了工业和商业的物流服务，提供包装、加工等增值活动。第三个阶段以综合物流中心为载体，是集国际商品、资本和信息等于一身的资源配置型港口。第四阶段是进入21世纪后的后工业化时期，第四代港口开始产生和发展。这一时期，工业向柔性和个性化方向发展，开始出现虚拟企业，港口成为全球生产、销售等各供应链的重要结点，又加之高新技术在港口领域得到全面应用，港口功能进一步完善，成为全球资源配置枢纽。

2. 现代港口的发展趋势

目前，世界主要港口正向第三阶段转型，香港、鹿特丹等重要港口在转型中走在前列，我国的一些重要港口如上海、宁波、深圳、青岛等也开始向第三阶段的港口转型。港口向综合物流中心的转变给港口资源配置、信息技术等提出了更高的要求，这一转变务必给港口带来新的机遇和挑战，使港口的发展呈现以下趋势：一是整体化。当今世界伴随着经济日益全球一体化，对于物

流来说也朝着集约化、规模化、整体化的方向发展。因此，对于港口的发展不仅要重视港口的基本操作，还要以港口作为一个中心，辐射到港口贸易的各个方面，既要保持内部资源的整合，还要有效联结其他交通运输方式，形成一个畅通的综合运输体系。二是集装箱化。集装箱运输是反映港口发展的一种趋势，具有安全、经济、快捷、方便的特点。随着国际集装箱多式联运的开展，件杂货运输的集装箱化程度越来越高。我国集装箱发展迅速，在2017年世界十大集装箱港中，上海、深圳和香港分别位居第一、第三和第五。三是信息化。现代港口要成为综合性的物流中心，必须建立港口信息平台，形成四通八达的信息网路。通过无形的信息网路，扩大港口腹地的范围，同时达到信息共享。信息时代的到来会使港口更快地融入网路经济中成为物流、资金流、信息流聚集的中心。四是技术现代化。随着科学技术的发展，越来越多的先进技术运用到港口的发展上。目前，这些技术还没有完全应用到港口中来，不过作为一种趋势，这些现代化的技术会逐渐应用到港口的发展中，并在港口的转型中，实现港口运作的现代化，全面提高港口的综合影响力和竞争力。

二、区域经济理论基础概述

（一）区域经济

区域经济是指在一定的区域范围内，由各种地域构成要素和经济发展要素有机结合，多种经济活动相互作用而形成的具有特定结构和功能的经济系统。区域经济之所以在完整统一的国民经济体系中形成各自的特色，是因为区域经济有存在的客观基础——空间差异和历史演进的统一。

首先，空间依赖性使人类的经济活动归根结底都要落实到地域空间，且经济活动对地域条件具有一定的选择性和空间适应性。

其次，生产要素的不完全流动性。经济活动的不完全可分性和空间距离，形成经济活动的空间分异。生产要素的不完全流动性，使经济活动不可能形成空间均衡化，构成了区域经济分异的物质基础。有空间就有距离，要克服距离就要付出代价，即空间成本。

最后，区域经济既属于经济范畴，也属于社会历史范畴。市场经济的发展和政府的干预是区域经济存在的社会条件。

（二）区域经济增长理论

1. 区域经济增长的定义

区域经济发展是区域经济研究的焦点问题。区域各种经济问题的顺利解决都离不开区域经济健康有序地协调发展，区域经济增长是区域经济发展的前提。因此，加大力度促进区域经济增长，尽快形成具有区域特色的区域经济，是全球各地经济政策研究的重要目标之一。我们在区域经济增长与区域发展理论基础上，着重研究区域经济增长与港口的联动关系。

狭义的区域经济增长指一个区域内社会总财富的增加，用货币表示为 GDP 的增加，用实物表示为各种产品生产总量的增加。

广义的区域经济增长指除此之外，包括对人口的控制、人均国民生产总值的提高，以及产品需求的增加等。只有把经济总量的提高、人口规模和产品需求的增加结合起来，才能正确理解区域经济增长的含义。

2. 区域经济增长理论的内涵

区域经济增长理论源于国外，是西方发展经济学家在研究发展中国家经济学问题中提出来的，区域经济发展过程中经常应用的理论主要有均衡增长理论、非均衡增长理论和新增长理论。

（1）均衡增长理论。这个理论主要针对落后的发展中国家，为发展中国家摆脱贫穷落后的境地，缩小与发达国家之间的差距，使生产与消费从低水平均衡向高水平均衡转变。

（2）非均衡增长理论。由于发展中国家资源有限，不可能把所有的精力和资源集中到所有行业或者部门中，要实现经济的增长，首先应将资本集中到几个较为重要的部门率先发展，进而带动其他地区的发展。相对于发达国家而言，非均衡增长理论更适用于发展中国家。

（3）新增长理论。不同的经济学家对新增长理论的理解不同。经济学家罗默认为：技术是内生变量，是经济增长的唯一源泉。卢卡斯模型的主要观点是经济增长的快慢与一个地区的人力资本状况有直接关系。

3. 区域经济增长与区域经济发展的关系

区域经济增长与区域经济发展是相互联系又有区别的两个概念。

区域经济发展是指随着经济增长所带来的一些经济结构、空间结构、社会政治体制变革的变化，即不仅意味着产出的增长，还意味着随着产出的增加而出现的经济结构和空间结构的变化，及经济条件、政治体制和文化水平的变动。

与区域经济增长相比，区域经济增长只是数量的增长，而区域经济发展的范围更广，既包括数量又包括质量，既包含经济因素又包含非经济因素。区域经济增长和发展是密切联系的。首先，经济增长的目的是经济发展，经济增长是经济发展的基础和前提，没有增长就没有发展，社会整体的发展结构也就不能顺利实现。其次，经济增长离不开经济发展。一方面，经济发展是经济增长和社会进步的结果；另一方面，社会结构优化，政策引导，体制改善使经济发展，反过来又促进经济增长。没有发展的增长是无效的增长。

（三）港口与区域经济联动状态

港口与区域经济的联动过程主要由区域经济对港口的拉动效应和港口对区域经济发展的推动效应两部分组成，且两者是相互制约、相互促进的。一方面，区域经济是港口运输需求产生的基础，决定了港口运输需求结构及发展水平；另一方面，港口对改善区域生产布局、转变区域生产方式以及推动区域经济增长具有重要的作用。

港口与区域经济的联动状态大致可以分为3种：第一种是滞后，即港口运输供给小于需求，此时区域经济拉动港口发展；第二种是平衡，即港口运输供给基本等于需求，此时区域经济的联动效应与港口的推动效应基本相等；第三种是超前，即港口运输供给大于需求，此时，港口推动区域经济发展。

3种联动状态的特征如下：

（1）港口与区域的联动处于滞后状态时，港口运输供给不能满足区域经济发展的需要。因为市场需求较大，港口会通过采取扩大规模或增加供给的方式来满足市场需求，使港口在经济拉动效应的驱动下快速发展，随之两者联动也慢慢向平衡状态靠近。

（2）港口与区域联动处于平衡状态时，港口运输供给基本能满足区域经济发展的需要。此时，区域经济与港口都处于相对稳定的状态，如果两者的发展都处于一种相对较低或不理想的水平，就会导致两者停滞不前的不利局面，需要一方率先发展区拉动或推动另一方的发展，即通过滞后或者超前两种状态来协调，促进两者在更高水平协调发展。

（3）港口与区域联动处于超前状态时，港口运输供给不仅能满足区域经济发展的需要而且有剩余。此时，港口对区域具有推动效应，较强的供给能力会刺激区域经济发展，在港口推动效应的驱动下，经济也快速发展，两者联动也随之慢慢向平衡状态靠近。

港口与经济的联动是在滞后或者超前中寻求协调与平衡的过程，即在滞后中平衡，在平衡中超前或滞后，在滞后或者超前中平衡，不断循环，不断发展的过程，然后在联动中达到相互适应的水平，形成港口与区域经济的协调发展格局，促进区域的一体化发展。相互适应是两者联动发展的一种理想状态，也是我们所期望的。

（四）港口与区域经济联动必然性分析

1. 港口与区域经济冲突促使联动合作

港口是经济独立体，具有企业的性质，同时又具有促进国民经济发展的社会基础设施性质。那么港口的双重性质必然导致港口与区域或城市之间的冲突。在一定的空间内，利益和目标不同的两个空间体被动地共存。港口作为运输环节的重要节点，其关心的是如何提高生产效率、不断提高产业的规模和商业发展的职能；而在社会经济不断发展，人们生活水平不断提高的同时，区域关心的是居民的期望和环境价值。港口和区域经济在职能和目标上的不一致使两者在兼容过程中存在矛盾。

从区域来看，港口作业带来的环境污染是区域建设中比较棘手的问题，港口大量作业也影响区域的外观和安全。从港口来看，港口正常运转往往受到腹地区域交通设施的不完善，区域空间的限制。同时，在与区域冲突中，由于政策的干预和社会体制因素又被迫远离城市和核心腹地。

但从整体上来讲，港口与区域或者核心城市都是社会系统的组成部分，在空间、文化、环境中有共同的目标。正是这种共性，促使港口与区域经济之间的共同合作。港口的综合竞争力离不开区域经济的快速发展，同时也为区域经济的发展奠定良好的基础，所以说港口与区域经济两大系统合作共存有客观的必然性。

2. 港口与区域经济互利促进联动合作

港口和区域一旦合作，两者的共同发展是巨大的，港口对区域经济发展的作用主要表现在以下 3 个方面：

第一，港口的区位优势使港口的腹地范围越来越大，港口的辐射能力能够有效地吸引大量的物质资源，物流、资金流和信息流不断集中,为区域经济的发展注入强大的动力。

第二,港口正向一体化运作转型,标准化的生产方式不断完善。提高产品竞争力的手段主要是降低生产和运作成本、提高物流服务效率。形成港口核心城市,不仅能降低物流成本,节省临港工业区的原材料,还能够形成以港口为平台的大型物流中心,提高物流服务效率和产品的综合竞争力。

第三,港口的区位优势对港口所在城市和地区的产业结构产生影响,这种影响包括相关的航运业等提高国民生产总值、增加就业机会和税收。同时,港口能够与其行业产生不同程度的融合与合作。

区域对港口的支持主要表现在以下3个方面:

第一,区域和城市提供港口发展空间,为港口提供后勤服务和保障能力。腹地规模的大小、经济发达程度直接影响港口发展前景。

第二,区域基础建设是港口发展的基础条件。综合交通的衔接程度,通信设施的先进程度和运输方式的齐全水平,都会影响港口建设和运作的正常进行。

第三,区域产业结构也会影响港口的规模和性质。区域对外能力提高,经济越发达,港口越会形成较大的规模;内部产业结构的比例直接决定了港口贸易交流的性质。

(五)港口与区域经济互相作用分析

在经济一体化网络中,港口作为全球综合运输网络的节点,在国际贸易和国际物流方面的作用不断突出,港口商业化的趋势进一步增强。人们在重视港口物流发展的同时,也注意到港口与区域经济发展关系的重要性。

1. 港口对区域经济的作用分析

首先,基础设施建设会产生由于对区域经济带来的大量投资而引起的"投资乘数效应",使区域经济快速发展。港口基础设施建设提升了港口的硬件设施,增强了港口之间的竞争力,为吸引大量货源提供了保障。同时,港口基础建设改善了生产与产品的中转效率,降低了物流成本,更好地建立起生产部门与市场之间的联系,促进劳动力、资本等因素的聚集,从而带动区域经济的发展。

其次,港口对区域经济的发展具有直接推动作用,主要体现在水运、装卸、仓储等港口业的发展上。港口增长极的作用产生集聚效应和扩散效应,使前向、后向产业集聚。前向关联就是通过供给与其他产业部门发生联系。从港口发展的角度来看,前向关联主要是港口业向客户提供包装、加工、装卸、转运、仓储等物流服务。而后向服务指港口业接受和运用产品、物流服务的力度。在港口业中,这里的前向联系、后向联系主要包括石油加工、煤炭周转、机械加工等临港产业,保险、金融业、餐饮业等服务行业。前向和后向的联系产生劳动力、资本的集聚,从而带动了区域经济的增长。

另外,随着港口贸易的增加,港口不得不加快自身发展速度。港口的发展不仅能够提高运作的效率,降低物流成本,而且能够提升综合竞争力,发挥区域乘数效应,带动贸易量的增长,进而拉动区域经济的增长。

2. 港口对区域经济的贡献分析

港口是一个生产性部门,有自身的生产效益,同时作为社会经济环节中的特殊生产部门,与社会经济的发展存在着紧密的联系,它的社会效应远远超过了其自身的生产效应。因此,我们可以把港口对区域经济的贡献分为直接经济贡献、间接经济贡献、波及经济贡献。在分析对区域经济的贡献时,既要考虑直接贡献,还要考虑对其他部门或者社会的间接贡献和社会贡献,这样才是港口对区域经济的完全贡献分析。

（1）直接经济贡献。港口作为国民经济和区域经济的一部分，对区域经济的直接贡献表现为港口活动产生的经济效益。通过国内外的研究以及调研得出，产生港口对区域经济的直接贡献的经济活动包括：港口装卸生产、港口物流服务与供应、港口的基础建设、港口内部管理、仓储和运输等活动。

（2）间接经济贡献。港口的间接经济贡献是指港口活动因生产的需要，向其他部门购买产品或者服务所带来的经济贡献。也就是说除了核心的活动外，还有一些拓展活动，正是这些扩展活动的影响引起了港口对区域经济的间接贡献。典型的扩展活动包括贸易活动、临港产业的活动等。这部分贡献反映的是区域经济各部门直接的购买关系，可以采用投入-产出模型来衡量港口与区域经济之间的关联性，从而推算出对区域经济的间接贡献程度。

（3）波及经济贡献。波及经济贡献所带来的范围很广，主要包括港口员工的工资消费所引起的经济贡献；港口发展引起投资对腹地地价的影响，就业机会的加大和大量引进外来人员产生的文化、观点、收入等变化。港口活动产生的范围广，次数多，呈现出一种动态的、复杂的变化。这些贡献都是很难量化的，但是波及经济贡献对国民经济发展影响巨大而且是难以估量的。

港口发展对区域经济的发展起到了较大的推动作用，但是也有一些负面的影响。比如，运输体系的发展产生的环境污染，所以说在分析对区域经济的贡献时，还应考虑环境指标，如环境污染、能源利用、噪声等。

3. 区域经济对港口的作用分析

港口的发展与区域经济的发展是密切相关的。德国学者高兹曾在《海港区位论》一文中提到，随着港口腹地经济的飞速发展，腹地状况成为影响海港区位的决定性因素。腹地经济规模的扩大、经济活动的发展是港口发展的动力和支撑。

（1）区域经济对港口的影响分析。

港口的主要陆地腹地范围就是与港口有关的区域。区域内大宗货物的交易大多是由港口来完成的。因此，区域内的经济水平、产业结构、区域政策等因素对港口发展有重要影响。

（2）区域经济对港口集装箱吞吐量的影响。

港口所在的区域就是港口主要的陆地腹地，腹地区域经济的综合实力直接决定港口集装箱的吞吐量。一般把 GDP 作为衡量区域经济的重要指标，货物吞吐量作为港口发展的重要指标。如果有强大的区域经济实力，就可以带来大量的产品，使航线更加密集，更由于科学技术在经济发展中的作用日益增强，使经济发展的方式由粗放式向集约式过渡，每单位产值所需耗费的原材料和能源随之下降，意味着每单位产值所需的运输需求量相对减少，但运输质量相对提高。因此，在这一过程中，经济发展与运输相互作用、相互影响，而且在不同时期，区域经济增长与所在港口的吞吐量之间的联动效应也不同。

（3）产业结构影响港口吞吐的主要货种。

区域经济的产业结构影响港口的发展方向。港口的发展方向，是以能源、原材料为主，还是以集装箱为主，一定程度上取决于区域经济产业结构的影响。货物吞吐量或者集装箱吞吐量是港口的重要指标，货物吞吐量或者集装箱吞吐量的增长与区域经济的产业结构密切相关。如果区域内主要以工业为主，工业中又以加工制造业为主，这样该港口集装箱在所有货种中占有较大比重；反之，港口集装箱运输占的比重就会较低。

（4）区域相关政策影响港口的发展。

政策和法规并不直接作用于港口的发展，而是通过调整生产要素的配置来影响港口业的发展。制度与法规制定得越详细，对港口的影响就越大。

首先，促进港口发展的政策，如对港口技术的支持，对港口业的投资力度，对港口核心腹地的优惠政策以及自由港政策等。

第九章 湾区经济模式下港口物流发展对策——以钦州港为例

域政策决定区域经济增长的快慢,为更好地促进区域经济的增长,通过不断增加对港口的投资,为港口提供自由化的发展条件。自由化是港口发展共同的和重要的条件,自由港和自由贸易政策会增强港口的吸引力。

其次,区域经济发展的政策,如积极的财政政策、区域间合作政策、产业结构调整政策会直接影响改变区域经济发展状态和格局,从而通过经济的增长带动港口的发展。制定正确的政策,明确区域经济发展的重点和难点,是调整产业结构布局,进行宏观调控的重要依据。

(5) 区域为港口发展提供各种服务。

港口的发展既需要金融业、通信业的服务,还需要具有一定技术的机构的协助和支持。这些与港口有关的服务,主要由港口所在区域提供。如果没有区域的技术支持和服务,港口发展就会受到制约,进而影响港口活动的进行,同时区域对港口的服务效率和质量也会影响港口的发展。

(6) 区域经济为港口发展提供空间保障。

区域经济的发展为港口发展提供空间保证。随着经济全球化的快速发展,港口作为交通运输中的特殊节点,获得了人流、物流、资金流、信息流与外界良好衔接,随后就是实现综合物流,这就要求区域为港口提供活动空间和连接内陆运输的通道,如港口与机场、港口与火车站、港口与公路网,从而组建强大的综合运输网络。为港口多式联运、进出口货物的快速中转奠定了坚实的基础,这些交通运输方式的有效衔接是通过区域基础建设来实现的。因此,港口的持续发展离不开区域经济和临港产业区的发展,腹地区域为港口及水运业提供综合物流活动的空间和连接内陆运输的空间保证。

（六）港口与区域经济联动发展的策略

1. 加强政府导向，加快改革进程

我国的基本经济制度是公有制为主体、多种所有制经济共同发展。但是由于市场对经济的自主调控存在滞后性、盲目性等弊端，因此政府的宏观调控可以弥补市场经济的不足。港口与区域经济的良性联动发展离不开政府的政策支持和引导。无论是港口发展规划还是区域经济空间布局和经济发展，都需要政府以制度和政策进行构建、经营和维护。

（1）政府应尽快完善组织机构和工作机制。制定并实施好发展规划，协调解决区域合作、资本运作、港口建设、港企合作中存在的重大问题。

（2）尽快出台引导发展的优惠政策。具体包括财政补贴、贷款贴息、货代企业奖励、航线补贴、规费减免、税收返还、土地出让金返还、集卡通行费补贴、绿色通道建设等方面。通过财政奖励实现集装箱航线开辟多元化，调动货代企业揽货的积极性；通过通行费、规费的减免，以及绿色通道建设来扶持集卡运输的快速发展。

（3）尽快整合港口资源。尽快发挥企业在市场中的主体作用，整合各港口功能，合理分工。

（4）尽快建立公共物流信息平台。建立覆盖港区、园区生产流通的仓储运输企业的网络平台，实现企业、客户和相关管理机构的信息充分互联，形成港口与港口、港口与海关、港口与货主、港口与承运商的有效连接。

（5）港口管理部门也要拓宽思路，想方设法为港口物流企业排忧解难，着力提高项目前期、行政审批等方面的工作效率，积极帮助港口物流企业渡过经济难关。

2. 正确定位港口功能，协同区域经济发展

港口发展应根据自身的区位优势，结合区域总体规划，正确

进行功能定位。加快建设以港口为核心的综合运输体系，提升港口的区域服务能力，努力通过多式联运的协调、配套发展，承担起港口与区域间货物的集疏运功能，形成区域经济联动。

（1）港口建设和发展应以区域总体规划为基础，进行区域总体规划时，应对相关港口发展规划进行详细、科学合理的功能定位分析，为港口业发展和服务功能提升指明方向。

（2）港口产业发展应依托港口综合运输体系，大力发展多式联运，提升港口与区域间货物的集疏运功能。同时，整合资源简化运作程序、提高运作效率缩短货物在港滞留时间，以促进区域经济发展。

（3）加强港口物流企业"硬实力"和"软实力"双向建设，增强抵抗商业风险和企业凝聚能力的建设。

3. 发展临港产业，加强港口物流联盟

从国内外港口经济状况来看，港口与临港经济联动发展的实现是临港经济发展的基础。同时，面对全球经济一体化及国内外市场竞争不断白热化的情况，加强港口间的物流联盟，可以在很大程度上加强港口物流企业的自身竞争力，提升企业技术和管理水平，促进港口物流产业发展，增强区域经济影响力。

（1）港口是发展临港产业的根本基础。依托港口区位优势，一方面临港产业的物流发展优势具有专业化、集中化运输的特点，另一方面体现了临港产业是港口对外窗口效应的直接惠及者，但是这还需实现港口与临港产业间的双向联动。通过实现港口与临港产业在运作管理中的有效衔接、简化运作程序、提高运作效率、整合资源，港口优势和产业优势能得到充分发挥，从而推动港口功能升级。

（2）加强港口物流联盟，可以稳定港口物流企业货源，稳定港口物流产业发展。并且在市场竞争条件下，港口可依靠本地区发展优势，积极与货源客户建立长期合作关系，形成战略联盟，增强揽货能力。

4. 引进优秀人才和先进的管理模式

引进优秀人才和先进的管理模式不仅可以给港口注入新鲜血液，还可以加强技术创新、优化运作管理，提升港口资质水平和风险应对能力，提升企业自生能力。加强港口的发展，需加强港口专业人才的培养，需引进优秀的港口管理人员和技术人才进行多种途径培养，以加快港口的发展。

5. 加快港区集疏运网络建设，促进区域经济发展

港口根据自身的地理优势，充分发挥航道功能，联合铁路和陆路运输，与港口城市腹地路网进行全面衔接，加强对腹地经济的支撑。同时，转变物流企业发展方式，在努力实现量增加的同时，更加强调质的提升，不断增强经济辐射的范围和能力。加强市场对接，积极主动地融入腹地市场，拓宽港口经济辐射领域。在沿大陆桥腹地加快建立"无水港、旱码头"，扩大内陆口岸直通，将港口服务延伸到腹地，构筑畅通的现代物流运输大通道。

此外，港口及相关物流企业要进一步扩大开放力度，通过加强物流联盟、区域经济合作、借力发展以及多种生产要素的集聚等发展方式，促进临港大工业、大物流和区域经济协同发展。同时，改革创新集疏运方式，改善集疏运条件，推动以港口为基点的铁路、公路、水路和管道等立体集疏运网络体系建设，提升对区域经济发展的运输支撑和产业经济发展的拉动作用。

第十章　以湾区经济推动港口物流发展

第一节　湾区经济对港口物流的影响因素

湾区经济的飞速发展会对港口的发展产生很大的影响，经济活动是港口发展的动力，湾区经济带给港口物流的影响主要是通过硬件环境和软件环境产生的，具体如图10-1所示。

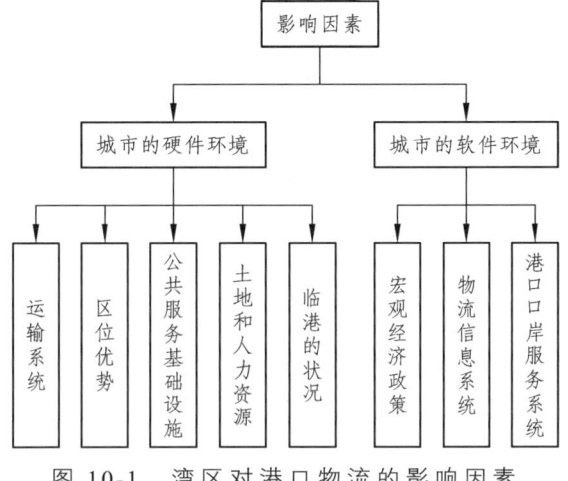

图 10-1　湾区对港口物流的影响因素

一、城市的硬件环境

1. 运输系统

城市的运输系统指铁路、公路的现状，包括线路规模、线路质量、线路覆盖率等，与此同时最重要的是水路航线的相关状况，即航线里程、航道的通航条件、航道的深浅、船舶的主要类型及技术性能等。各种运输方式的有效组合构成运输系统。运输系统是港口内货运的集散系统，影响港口物流的发展。

2. 区位优势

通常，港口物流紧邻港口集装箱码头，以减少物流成本并减少对港口外部交通的影响。港口物流的发展要着重考虑城市区位优势，有针对性地发展。

3. 公共服务基础设施

公共服务基础设施指为城市内的企业提供生活、生产服务的设施，如餐饮娱乐、办公场地、仓储、装卸设备等。公共服务设施的完善程度会直接影响物流企业入驻港口物流园区的决定。

4. 土地和人力资源

城市的土地规模及条件、人口总数及质量、人口质量发展趋势等都会影响港口物流的发展。土地资源能够给港口物流的发展提供良好的场地条件，人力资源可以为港口物流的发展提供人员支撑与知识储备。

5. 临港状况

临近港口的公共基础设施、港口运作效率、经营方式等都会对城市和港口之间的组合产生影响，临近港口的条件发生变化会给港口发展带来机遇或产生威胁。

二、城市的软件环境

1. 宏观经济环境

宏观经济环境指经济政策、产业发展规划、产业结构调整计划、政府投资结构等。城市的宏观经济状况直接影响港口的社会物流量，进而影响港口物流产业的发展。

2. 物流信息系统

任何物流或物流企业的发展都需要物流信息系统的支持，众多物流活动的开展都需要借助信息系统的帮助，如港口物流的仓储管理、客户管理、运输状态查询等。信息系统一方面会有效提高港口物流的运作效率，另一方面也能够给客户提供便捷的服务，从而提升总体服务水平。

3. 港口口岸服务系统

鉴于港口物流很大部分服务于国际贸易，海关的报关报检功能相应的需引入港口。因此，有必要在港口建设口岸服务系统。该系统的建立有助于自由贸易区政策的共享。

第二节 湾区经济发展对港口物流的影响

一、湾区经济发展对港口物流的作用机理

湾区经济发展势必会促进城市三大产业发展，湾区经济发展离不开城市基础设施的建设，并且在良好的经济态势下，会建成更完善的城市基础设施。与此同时，湾区经济发展会带来诸多信息流，城市的服务水平将进一步提高。城市的三大产业会衍生出大量的货物运输需求，而大量的货物运输需求中不乏港口物流的货源，港口货源是港口发展的源泉，进而促进港口物流的发展。城市三大产业发展的同时，也会形成产业间及产业内企业的相互竞争，在发展与竞争的双重作用下，势必对物流作业效率提出了更高的要求以适应其发展。与此同时，完善的城市基础设施也会提高运输效率及物流作业效率。多方作用下的物流作业效率的提升将有效降低运输成本及物流成本，进而促进港口物流的发展。城市经济发展所带来的信息支撑及服务支撑会使城市产生大量的

信息流、商流及人才流，多流交织可以降低物流运作成本，并能较好地推动港口物流发展。

二、湾区经济对港口物流的推动作用

港口进出货物的种类会随着湾区经济变化而发生变化，并且湾区经济发展能够指引港口的发展战略，对港口的功能职责与服务领域做出指引。随着湾区经济的发展，港口的生产特点也不断变化。国际贸易的货物种类日渐繁多，贸易总额不断增长，港口的货物量逐渐增加，经由港口运输的货物向着大宗散货、集装箱专业化的方向发展。港口物流的发展程度直接取决于湾区经济，湾区的经济活动与经济规模则是港口的支撑，经济的发展必然间接增加港口的货物吞吐量，进而促进港口物流的发展。总体来说，湾区经济对港口物流的推动作用主要体现在以下3个方面：

1. 湾区经济发展为港口物流提供货运需求

湾区经济的发展需要大量的物资，但由于资源分布不均衡性，对货物的转移提出了要求，而港口物流可以为湾区经济的发展提供运输等相关服务。湾区经济的发展情况、各产业结构及国际贸易情况直接影响货物的需求量，进而对港口物流量产生重要影响。

2. 湾区经济发展能为港口物流的发展提供空间保障

港口周边区域的基础设施直接决定港口物流的发展，而湾区经济的发展可以为港口物流提供硬件和软件上的支撑。硬件方面，湾区可以为港口物流海陆多式联运系统的构建提供资源基础，满足进出港口货物的中转运输需求，因此湾区经济的发展程度能够影响港口物流的健康发展，并且可以为港口综合物流及海陆运输系统的健康发展提供必要的空间保障。

3. 湾区经济发展能为港口物流提供相关性服务

港口发展所需要的信息支撑、商务活动、人才需求等都是由所在区域提供的。湾区经济的发展状况直接决定该区域是否具有吸引力,可以为该区域吸引足够的资金流、商流、物流以及人才流,而这些资源都是港口物流发展所必须具备的资源,港口的物流量正是基于此而产生的。与此同时,所在区域的信息产业、运输流通业、商贸物流业等行业的发展状况可以决定港口物流的发展效率与服务质量。所以湾区经济的发展能够为港口的发展带来资金及物资的支持,同时港口物流的发展状况无可避免地受制于城市经济的发展状况。

第三节　广西加快对接融入大湾区的对策建议

一、加强统筹谋划,协调对接融合

深入分析大湾区的利益诉求和自身优势,统筹谋划,实现精准对接融合。组织多层次的对接融合的组织体系,将相关组织工作落实到具体机构,责任到人。区级层面要统筹规划,做好顶层设计。重点做好对接大湾区交通基础设施互联互通、承接产业转移的市际分工、配套产业及支撑产业等规划与行动方案,对跨区域项目组织实施。市级层面要根据政府统一部署,制定本市的行动方案并组织实施。园区层面则应加强园区基础设施建设和招商引资工作,提高园区建设标准,增强园区承接产业转移和配套支撑产业发展的能力。行业和企业层面应加强和大湾区在技术、产品、市场等方面的合作。学术研究层面应加强学术研讨,起到决策咨询和宣传作用。

二、加快交通基础设施建设,完善互联互通

全面对接大湾区,加快推进互联互通提质增量。全面对接大

湾区交通基础设施规划建设，加快推进广西北部湾经济区对接大湾区重大基础设施项目，做好西南中南地区对接大湾区和中国—中南半岛的战略通道和陆路通道。一是全面畅通广西北部湾经济区对接大湾区的骨干大通道。高铁方面，强力推进南宁—玉林—深圳高速铁路高标准规划建设，积极规划研究在建的南宁—浦北—信宜高速公路走向，布局南宁直达珠江西岸的高铁线路，协调推进北海合浦—湛江高铁湛江段开工建设，打通南宁—北海—湛江—茂名—深圳的高铁通道。积极推动南广高铁、南宁—钦州—北海高铁线路的运营，进一步缩小与大湾区的时空距离。高速公路方面，加快推进南宁—浦北—北流—信宜高速公路全线开工建设，尽快启动南宁六景至岑溪、钦州至北海山口高速公路改扩建工程。二是打通对接大湾区高等级公路的"瓶颈路"和"断头路"，积极打通玉林—茂名、陆川—化州、博白—廉江的高等级公路"断头路"。三是进一步提升西江内河水上通道。加快实施西江航运干线贵港至梧州界首个 3 000 吨级航道工程建设，积极鼓励和支持广西北部湾港务集团与大湾区的港口企业以资产为纽带，深化合作，完善港口基础设施建设，加强港口人员培训和技术交流，提升水上运输管理能力。

不断完善内部交通，持续提升广西北部湾经济区整体对接能力。一是优先推进北海、钦州、防城港、崇左从交通末端向交通枢纽转变。铁路方面，加快打通凭祥—东兴—防城港—钦州高铁线路，全面对接国家沿海高铁线路。加快推进防城港—崇左—百色城际铁路建设，协调推进防城港—崇左—百色—文山—蒙自延边铁路建设。公路方面，优先规划建设龙门跨海大桥，打通沿海沿边快捷大通道。推动北海—钦州—防城港—东兴的滨海高速公路、东兴—凭祥高速公路纳入规划，推动沿边公路的提质改造。二是加快推进经济区内城际交通便捷化建设。加快推进南宁—崇左、桂林—玉林—北海城际铁路建设，积极推进湘桂铁路崇左—凭祥段、玉林—北海的扩能改造，规划建设钦州—玉林、南宁—

第十章 以湾区经济推动港口物流发展

上思—东兴高速公路。二是着力解决一级口岸高速公路"最后一公里"问题。将隆安—硕龙高速公路终点延长至硕龙，规划建设崇左—宁明爱店、防城峒中—东兴等高速公路，实现口岸的互联互通。

加快融入"南向通道"，着力打造大湾区辐射西南及中南半岛的轴线。加快推进与"南向通道"重大关键基础设施项目建设，优先推进钦州港东站集装箱办理站、中新南宁国际物流园、多式联运综合信息服务平台等标志性旗舰项目，提升通道支撑水平。铁路方面，加快推进钦州东—三墩铁路支线、钦州港—大榄坪支线联络线、钦州港—钦州港东电气化改造、南防线南宁—钦州段电气化改造、南宁—凭祥平改立、防城港企沙支线云约站、合浦—铁山港铁路货运专线等项目。公路方面，推进柳州—合山—南宁、松旺—铁山港东岸高速公路建设。港口航道方面，加快连接大湾区世界级港口群和南向通道，加快实施钦州港东航道扩建工程、铁山港航道三期工程建设，积极推进防城港30万吨级矿石码头、防城港30万吨级航道、钦州港20万吨级集装箱码头等重点项目。空港方面，加快融入大湾区国际航空枢纽建设，开工建设南宁国际空港综合交通枢纽和北海机场停机坪扩建工程，加快推进南宁机场军民航分离和南宁机场第二跑道项目前期工作，加快推进南宁机场T3航站楼前期工作，建设南宁航空中转枢纽，加密连接东南亚、南亚的国际航线。航运方面，确保广西北部湾港—重庆班列、广西北部湾港—新加坡港班轮、广西北部湾港—香港班轮3个"天天班"按期开行，积极拓展广西北部湾港与兰州、贵阳、成都、昆明等其他海铁联运班线线路，加密广西北部湾港与海防、胡志明、关丹、林查班等班轮航线，努力构建更加完善的多式联运网络。

加强涉海基础设施建设项目包装，确实保障交通基础设施互联互通项目建设进度。积极应对国家对用海审批政策的调整，为解决广西北部湾交通基础设施互联互通建设项目的用海问题，统筹协调，争取把涉海项目包装进"一带一路"倡议的建设项目中或纳入大湾区的实施方案中，确保对接大湾区交通基础设施建设进度。

三、统筹承接产业转移，创新产业对接融合机制

统筹承接产业转移，放大产业转移效应。一是坚持以产业园为主要载体，找准定位，充分融合各地优势，有序承接产业转移，形成特色鲜明的产业链集群。坚持统筹协调，特别是兼顾广西北部湾港口发展需要，高度重视全产业链承接纺织服装、家具家电等轻工制造业，为广西北部湾经济腾飞和港口大发展提供坚实基础；在与产业链合理分工的基础上，全力承接加工贸易、汽车零部件制造及整车装配、中药加工、装备制造业等产业。引进和培育电子信息和先进装备制造业、生物医药、新材料、节能环保和新能源等新兴产业；大力支持大湾区在广西北部湾经济区发展"飞地经济"，通过利益分享承接高端制造业转移。二是规划建设一流园区，不断提高承接产业层次。多渠道解决建设用地指标问题，适度扩大单个工业园区规模，充分发挥规模效益、提高产出强度。提高工业园区规划建设标准。重点做好高标准的污水集中处理设施建设、进出园区的景观大道和功能区的生态走廊规划建设，在工业集中区试点并推广配套生态湿地建设。大力推进产城融合，加强对园区城市功能配套，优先高水平规划配套员工公寓、学校、医院及农贸市场等，积极谋划将工业园生活配套区与园区周边的新农村建设、园区征地安置区和异地扶贫搬迁集中安置区统筹集中规划，提升园区周边人气。三是用活跨境劳务合作试点政策，进一步增强劳动力用工成本优势。继续推动中越跨境劳务合作的试点工作，优化管理方式，在管控有效前提下逐步把试点范围扩大至广西北部湾经济区，为广西北部湾经济区承接产业转移提供低成本用工保障。

培育配套与支撑产业体系，提前收获扩散效应。围绕大湾区的产业定位以及重点产业技术突破和应用需求，加强与广西高水平科研机构、科研院所合作，设法引进国家级重点实验室、工程中心等在广西北部湾经济区设立分支机构，着力引进资金、技术、人才等，快速提升广西北部湾经济区的科创能力。探索建立与大湾区的创新合作新机制，共同构建协同创新战略框架、科技创业合作框架，不断创新科研管理和收益分配制度，深度融入大湾区创新体系。重点针对下一代通信设备、生物医药、装备制造和汽车等重点产业领域，充分挖掘广西北部湾经济区的国家级高新区、农业科技园区和自主创新区等已有平台潜力，着力引进相关行业龙头企业。大力支持大湾区在广西北部湾经济区发展"飞地经济"，通过利益分享承接高端制造业转移，加快培育配套与支撑产业体系。

强化生态合作，探索生态合作与产业对接融合联动机制。认真总结承接上一轮广东产业转移的经验得失，探索跨界流域的联合整治与产业对接的联动机制。研究新的流域海域生态补偿方案，深化推广生态补偿机制试点。一是加强跨界生态合作。在污染联防联治的基础上，以打造全流域大型湿地公园为目标，通过项目策划，推动粤桂两省区生态治理合作，争取扩大与广东开展的生态补偿试点范围，不断做大潜在的生态效益。二是探索生态合作与产业对接融合的联动机制。大力推进流域生态种植业和无抗养殖业、生态农产品加工业、参与式休闲生态旅游业和生态养老产业发展，努力打造"菜篮子"、体验式休闲与生态养老基地，打造大湾区发展的绿色腹地和健康养老产业的"后花园"，逐步建立起流域市场化的生态补偿机制。

四、深化体制机制改革，推动政策与软环境同轨

加快制度创新，推进政策同轨。一是积极向国家申请赋予广

西北部湾经济区特殊政策，逐渐放宽公共国际船舶代理业务及外商持股比例、境内外保险公司和保险经纪公司开展航运保险业务、跨国通关、检验检疫、认证许可和标准计量等合作互认等方面的制度限制。二是对照大湾区中的广东地方政策，以政策同轨为目标，加快推进广西地方法规和政府规章的废改立工作。

优化营商环境，加快投资软环境同轨。一是加快推进 CEPA 的先行先试，积极对接，打造国际化营商环境。二是优化招商环境，转变政府招商方式，大力推广玉林"环保招商"和北海"科技招商"的成功模式。三是充分发挥广西北部湾港口作用，降低海运货物运输成本。建立产业与港口发展的联动机制，推广国际多式联运、大力推进无水港建设，降低物流企业运行成本，提高货运效能。四是全面落实广西物流业降本增效各项优惠政策，深化广西水电气等体制改革，进一步降低实体经济成本。

大力推动干部交流合作，推进政策执行力同轨。积极谋划干部队伍深入大湾区交流学习，不断提高干部制度创新与政策执行能力，推进政策执行力同轨。一是加强和中共中央组织部汇报沟通，建立广西干部队伍到大湾区挂职锻炼机制。二是定期组织中青年优秀干部赴港澳集中学习培训，提升干部队伍素质。三是协调放宽公务员因公赴港澳的次数限制，大力鼓励干部赴港澳交流学习。

五、强化中心城市建设，提高对接融合能力

大力打造南宁都市圈，提升南宁中心城市功能。以加快建设南宁特大城市和区域性国际城市为目标，推进要素集聚、强化国际合作、金融服务、信息交流、商贸服务、创新创业等核心功能，加快推进科创体制改革，引导高端人才集聚。继续提高五象新区的公共服务能力，加快推进武鸣区城市基础设施、公共服务与南宁市主城区一体化，督促高校按规划进度建设和入驻南宁教育园

区，加快新区的人口集聚速度。推进南宁临空经济示范区的申报建设工作，充分发挥辐射带动作用，加快南崇经济带建设。加强南宁主城区与市属县的交通基础设施互联互通水平，合理规划产业布局，推动形成南宁与周边区域协调发展的新局面，不断提升南宁都市圈的整体实力和辐射能力，壮大南宁经济腹地。

积极谋划设立广西北部湾市。钦州、北海、防城港三市地理空间临近，但交通通行效率低、产业分工不合理、经济同质化竞争特点突出，对接大湾区重点城市能力不足。应以谋划建立副省级的海滨城市为目标，设立整合三市发展的领导机构，以共同打造城市基础设施为起点，有计划地推进城市规划、行政管理、公共服务、产业发展和市场管理的同城化，积极引导钦州、北海和防城港三市合力向海滨扩展城市空间，以三市为基础逐步形成三个城区雏形。待整合到一定程度时，择机向国家申请设立副省级的海滨城市广西北部湾市，为广西北部湾经济区打造出第二个核心城市。

着力培育玉林"制造业新都"。玉林地处珠江—西江经济带、广西北部湾经济区的重要节点，拥有直通的区位优势、良好的产业发展基础、丰富的招商引资经验、充足的园区产业承接空间和"以产兴城""向东发展"的强烈诉求。不断提升承接产业转移吸引力，加快助推以玉柴集团为代表的龙头企业转型升级；进一步完善玉林周边交通运输体系，加大城市建设力度，大力完善城市功能、不断提升城市品质；补齐服务业发展短板，增强服务产业能力。以产兴城、以城促产、以业聚人、产城融合，加快将玉林培育成为区域制造业新都。

附录 广西全面对接粤港澳大湾区建设总体规划（2018—2035年）

关于印发《广西全面对接粤港澳大湾区建设总体规划（2018—2035年）》的通知

各市、县党委和人民政府，自治区党委和自治区级国家机关各部委办厅局，各人民团体，各高等学校：

现将《广西全面对接粤港澳大湾区建设总体规划（2018—2035年）》印发给你们，请认真贯彻落实。

中共广西壮族自治区委员会 广西壮族自治区人民政府
2019年5月20日

前 言

建设粤港澳大湾区（以下简称大湾区），是习近平总书记亲自谋划、亲自部署、亲自推动的重大国家战略。2019年2月18日，中共中央、国务院印发《粤港澳大湾区发展规划纲要》，标志着大湾区建设全面启动。广西与大湾区毗邻，是大湾区的直接腹地，具有与大湾区合作的广阔空间。新形势下，紧抓国家加快大湾区建设的重大机遇，全面对接大湾区建设，对于构建广西"南向、北联、东融、西合"全方位开放发展新格局、实现高质量发展具有重大意义。

全面对接大湾区建设，有利于广西以更高站位、更宽视野、更新观念深化改革创新；有利于推动广西与大湾区的产业融合发展，促进产业优化升级；有利于把广西打造成为大湾区与西南地

附录　广西全面对接粤港澳大湾区建设总体规划（2018—2035 年）

区、东盟国家互联互通的关键通道，为西南地区连接大湾区、面向东盟开放提供更高能级的合作平台；有利于促进我国东西部地区协调、协同发展。

根据国家加快推进大湾区建设及进一步深化泛珠三角区域合作有关部署，结合广西全面对接大湾区建设实际，特制定本规划。本规划是广西全面对接大湾区建设的纲领性文件，近期规划至 2022 年，远期展望到 2035 年。

第一章　对接基础和面临形势

一、对接基础

（一）区位优势十分突出

广西是大湾区向内陆纵深发展的重要通道，是我国西南地区连接大湾区的重要枢纽，是大湾区与东盟国家经济合作升级的关键纽带，具备对接大湾区的海陆相通等独特优势。

（二）战略地位日益凸显

中央赋予广西的"三大定位"新使命，充分体现了广西在国家战略中的重要地位，与大湾区建设的总体思路及空间格局高度契合、一脉相承，从战略层面明确了广西与大湾区统筹对接、合作发展的方向和重点。

（三）合作基础持续增强

广西、广东（以下简称两广）地域相连、文化相通，泛珠三角区域合作不断深化，两广合作更为密切，建立了两广推进《珠江—西江经济带发展规划》实施联席会议制度等合作机制，搭建了粤桂合作特别试验区等合作平台，双方在基础设施共建、产业融合对接、生态联防联治、开放合作交流等方面取得了明显成效，为广西全面对接大湾区建设奠定了良好基础。

二、面临形势

（一）发展机遇

伴随全球治理体系和国际秩序的不断变革，我国以"一带一路"倡议为重点,加快构建陆海内外联动、东西双向互济的开放格局。作为国家重大战略的大湾区在拓展港澳发展新空间与培育珠三角发展新动能的同时,必然会向内陆纵深发展,并加强与东盟国家的经济合作。广西作为"一带一路"有机衔接的重要门户,是大湾区向西连接我国西南地区以及东盟国家的关键通道,国家给予大湾区的优惠政策也会最先惠及到广西,以东融先行示范区为先导,全面对接大湾区建设将助力广西加快形成"南向、北联、东融、西合"全方位开放发展新格局。

(二)面临挑战

从国际形势看,保护主义倾向抬头,世界经济不确定不稳定因素增多,对国际贸易格局产生重大影响,我国同欧美及东盟国家的贸易不断受到冲击,广西要打造面向东盟国际大通道以及"一带一路"有机衔接重要门户的目标将受到挑战。

从国内形势看,大湾区依托"保税区+自由港"等机制及政策创新推动粤港澳体制差异缩小,将促进大湾区对周边区域形成更强的虹吸效应,大湾区先进的产业体系、良好的营商环境以及优厚的工资待遇,必然会吸引广西的高端产业和人才、资本进一步向大湾区集聚。周边地区为谋划同大湾区的融入对接,相互之间难免形成产业的同质竞争,将对广西高水平开放、高质量发展带来新的挑战。

第二章 总体要求

一、指导思想

以习近平新时代中国特色社会主义思想为指导,全面贯彻党的十九大和十九届二中、三中全会精神,紧紧围绕统筹推进"五位一体"总体布局和协调推进"四个全面"战略布局,按照建设壮美广西、共圆复兴梦想的总目标总要求,深入贯彻落实"三大定位"新使命和"五个扎实"新要求,坚持新发展理念,紧密衔接《粤港澳大湾区发展规划纲要》,聚焦关键领域,突出合作重点,全面对接大湾区建设，主动接受大湾区辐射，借力大湾区发展，加快构建"南向、北联、东融、西合"全方位开放发展新格局。

二、基本原则

——全面对接，重点突破。在交通互联互通、产业联动发展、生态合作、扶贫协作、人才交流、平台引领、政策衔接、机制协调等关键领域，加强对接，强化实施力度，争取实现重大突破。

——统筹规划，加强协调。增强广西对接大湾区建设工作的战略性、统筹性和协同性。建立对接机制，加大协调力度，充分调动各有关方面的主动性和创造性，推进各项政策措施协调配套，提高整体效益。

——引进推广，注重创新。以基础设施、产业科技、开放载体等领域为重点，充分结合广西实际，借鉴大湾区先进管理模式，大力创新体制机制，全面优化营商环境，增强投资吸引力。

——陆海统筹，分区融入。坚持陆海统筹、同步对接，实现内陆升级、沿海突破。重点推进珠江—西江经济带（以下简称经济带）、广西北部湾经济区与大湾区对接，以我区东部产业融合先行试验区、南部沿海开放引领区、西南跨境经济合作区为依托，搭建产业联动发展平台，推动陆海联动发展。

——合作发展，改善民生。以良好的生态环境和自然资源为依托，打造成为大湾区的绿色腹地。借鉴粤港澳在保障社会民生及公共服务供给方面的成功经验，让人民感受到发展带来的更多获得感、幸福感和安全感。

三、功能定位

大湾区向西南辐射拓展的关键通道。充分发挥广西与大湾区地域相连的优势，积极构建以高速铁路和高速公路为主干、空运和海运为支撑的全方位、立体化的广西东融通道，积极服务大湾区建设，主动接受大湾区辐射，形成大湾区向西南地区延伸拓展的关键通道。

大湾区与东盟国家加强合作的关键节点。进一步发挥广西作为中国—东盟开放发展前沿门户的区位优势，强化中国—东盟博览会、中国—东盟商务与投资峰会的平台作用，推进泛北部湾经济合作论坛暨中国—中南半岛经济走廊发展论坛创新转型，加快建设连接大湾区和东盟的西部通道，全方位拓展开放合作的广度和深度，培育参与国际合作和竞争的新优势，成为大湾区与东盟国家加强合作的关键节点。

大湾区科技成果转化的承接区。瞄准香港、深圳、广州等地的高端科技与高精尖人才，着力吸引大湾区的科技创新企业投资，引导我区汽车制造、中医药研究等基础较好的企业以及电子信息、节能环保、新材料等高成长性企业与大湾区企业共建区域产业链、创新链，积极打造大湾区科技成果转化的承接区。

大湾区优质生活圈的延伸区。坚持绿色发展理念，深入推进生态文明建设，与大湾区加强生态环境联防联治，加快建成大湾区居民休闲养生的"后花园"及相关产业的集聚地，把广西绿色优势转化为发展优势。

大湾区与泛珠三角区域深度合作的示范区。充分发挥粤桂合作特别试验区、中越跨境经济合作区等跨区域合作平台的作用，大力吸引大湾区企业投资建设，打造大湾区与泛珠三角区域深度合作的示范区。充分利用CEPA（内地与港澳关于建立更紧密经贸关系的安排）政策，深化"放管服"改革，吸引港澳资本、人才、技术等要素集聚，建设港澳与内地深度合作的平台。

四、发展目标

到 2022 年，对接大湾区建设取得初步成效，基本建成面向大湾区的东融通道，交通互联互通、产业联动发展、生态合作、社会服务、平台引领、政策衔接等对接工作取得明显进展，经济带、广西北部湾经济区、粤桂黔高铁经济带、粤桂合作特别试验区等重大合作平台作用显著提升，区域合作取得显著成效，综合实力明显增强。

到 2035 年，对接大湾区建设取得显著成效，形成"南向、北联、东融、西合"全方位开放发展新格局,大湾区绿色腹地的作用充分发挥,成为大湾区产业辐射的重要区域,科技成果研发转化能力显著提升,大湾区向西南地区辐射拓展的枢纽作用显著增强。

第三章 构建"两带三区"的空间格局

进一步强化广西北部湾经济区龙头带动作用,提升经济带发展水平,以东部产业融合先行试验区、南部沿海开放引领区、西南跨境经济合作区为依托,高水平构建"两带三区"的空间格局,实现与大湾区的充分联动发展。

一、沿江升级、沿海突破,打造对接大湾区的两大经济带

聚焦大湾区广州—佛山、香港—深圳、澳门—珠海三大发展极,重点打造两个对接经济带。将经济带打造成为大湾区的直接腹地,成为大湾区发挥辐射引领作用、带动西南中南地区发展、辐射东南亚和南亚的重要经济支撑带;充分发挥沿海高速铁路、高速公路和重要港口的连接作用,加快推进北防钦一体化发展,实现广西北部湾经济区与大湾区联动发展,打造沿海互动经济带。

二、机制创新、分类引导,培育对接大湾区的三大合作区

东部产业融合先行试验区。创新粤桂合作特别试验区体制机制,争取将符合广西实际的港澳优惠政策在试验区延伸,着力解决在开发建设、政策支持、招商引资、资金支持、管理体制机制创新、配套服务等方面存在的问题。支持贺州市建设广西东融先行示范区,重点发展碳酸钙、装配式建筑、大健康等支柱产业,积极探索科研、孵化前台在大湾区,生产、转化后台在贺州的"飞地经济"合作模式。将贺州、玉林、梧州等市整体打造成广西对接大湾区的东部产业融合先行试验区。

南部沿海开放引领区。创新推进园区开发模式,完善政策支撑体系,探索建设具有自由贸易功能的"第四代开发园区",吸引大湾区创新要素集聚,积极争取大湾区产业链向广西延伸,共建国际合作平台。重点在基础设施互联互通、产业发展配套服务等

领域做好对接实施，全面增强园区承载能力，显著提升与大湾区互联互通水平。引进大湾区的先进管理模式及现代服务业，共建"深北飞地园区"，打造南部沿海开放合作、产业协同引领区。

西南跨境经济合作区。充分发挥口岸优势和税收优惠政策，吸引大湾区企业投资，建立"港深加工贸易区"，打造港澳转口贸易飞地。推进加工贸易、跨境金融、跨境旅游、跨境电商等跨境特色产业发展，打造贸易投资自由、人员往来便利、基础设施互联互通、监管服务高效便捷的跨境经济合作区。

第四章　全面强化与大湾区互联互通

把交通互联互通作为先导，最大限度发挥广西毗邻粤港澳、与东盟国家海陆相连的沿海沿边区位优势，实现与周边区域的无缝、快速连接，积极打造大湾区向西南地区辐射拓展的关键通道以及与东盟加强合作的关键节点。

一、打造面向大湾区的东融通道和连接大湾区与东盟的西部通道

加快打造广西东融通道，形成以高速铁路和高速公路为主、空运和水运为支撑的全方位、立体化交通通道。进一步发挥西江黄金水道作用，推动沿江港口与广州南沙港、深圳盐田港等在物流、仓储、货代、船代、货源、箱源等方面形成紧密合作链条和利益共同体，加快实现水水联运、江海联运，全面激发"江"的活力。支持在南宁、钦州、防城港等市建设双向联通我国西南、西北与东盟的区域性国际物流中心。吸引大湾区企业参与连接大湾区和东盟的西部通道建设，提高通关效率，降低通关成本；更大效力发挥西部通道的货源集配、贸易撮合、产业带动作用，促进大湾区与东盟国家、欧盟国家之间的要素流动、技术转移与产业合作。

二、加快建设连通大湾区的快速交通干道

积极打造南宁经玉林至深圳至香港等直达大湾区的高速铁

路,全面打通面向大湾区的省际高速公路断头路,共同提升省际互联互通水平。加强南宁、桂林等城市的机场与大湾区主要机场的航线合作,积极推动两广之间支线机场互联互通。加快推进南宁吴圩国际机场改扩建、南宁国际空港综合交通枢纽等重大基础设施项目建设,打造对接大湾区、承接国内、沟通东盟的北部湾区域性国际航空中心。

专栏1 快速交通干道工程

铁路。推进规划建设南宁—玉林—深圳、南宁—合浦—湛江、桂林—玉林—湛江、河池—柳州—贺州等直通大湾区的高速铁路通道,推动加快建设柳州—梧州—广州、柳州—贺州—韶关、洛湛铁路(永州至玉林段)电气化改造等粤桂快速直达货运铁路通道,推动加快岑溪—罗定等铁路扩能改造。积极推动南宁—广州、桂林—广州等高速铁路提速,协调加密南宁—广州—深圳、珠海方向的高铁班次。尽快开通南宁—香港动车。

高速公路。加快推进贺州—广东连山、浦北至北流(清湾)、玉林至湛江等高速公路建设;规划建设钦州至北海高速公路改扩建、南宁—湛江、贵港—玉林—湛江、博白—高州、北流—高州、平乐—平南—容县—信宜、南宁—横县—玉林—珠海、贵港—云浮、苍梧—广宁、信都—广东南丰等高速公路。

航空。加快建成玉林机场,推动贺州机场、防城港机场、百色民用机场迁建等项目前期工作,开工建设南宁吴圩国际机场改扩建工程、南宁国际空港综合交通枢纽、北海机场站坪扩建等项目。

三、打造支撑大湾区的珠江—西江黄金水道

建立健全珠江—西江航运发展高层协调建设机制,积极探索西江航运干线船闸统一平台联合调度,在推行"三统一分"模式的基础上积极协调推进"四统"模式,加快推进"一干七支"航道网络扩能改造,打造连接粤港澳西江水上高速通道。推动成立经济带航运联盟,大力培育西江集装箱班轮航线。加强经济带沿线港口合作,支持梧州港、贵港港等与肇庆港、佛山港、广州港

等实现"港港联运"。进一步提升西江航运管理质量和水平，建成功能健全、服务高效的现代化航运服务体系。积极争取中央专项建设基金支持，推进南宁、贵港、梧州3个主要港口和柳州、来宾、百色、崇左4个地区性重要港口建设。加快推进平陆运河前期研究及规划建设工作，推动形成南宁港至北部湾港便捷的水运通道。

专栏2 黄金水道工程

重点推进贵港至梧州3000吨级航道整治。加快建设贵港二线、西津二线、红花二线船闸工程及大藤峡水利枢纽通航设施等项目，尽快开工建设绣江复航工程、桂江航道工程（平乐至莲花大桥）、桂江京南二线船闸工程、百色过船设施、贺江扩能工程等项目。

四、加快融入大湾区世界级港口群

以连接大湾区和东盟的西部通道建设为契机，把北部湾港打造成为全国沿海主要港口和区域性国际航运中心。推进北部湾港与香港、广州、深圳等大湾区港口合作，共同培育和加密广西北部湾经济区至粤港澳的班轮航线，进一步降低物流成本。支持运营好北部湾港至香港"天天班"航线，推动大湾区港口加入中国-东盟港口城市合作网络。争取与广东省开启经济带区域通关一体化改革，与大湾区的港口群建立港口联盟，建立跨区域的口岸管理协调机制。积极推进建立珠江—西江流域港口城市联盟，加强经济带沿线综合保税区合作，创建综合保税区产业联盟。

专栏3 港口群建设工程

重点推进钦州港东航道扩建二期工程、防城港30万吨级矿石码头及航道、防城港企沙港区赤沙作业区1-2号泊位、钦州港20万吨级集装箱码头及航道等大型深水码头航道前期工作，加快建设防城港东湾潭油航道、钦州港金谷港区金鼓江作业区12-17号泊位工程等项目，尽快建成钦州港东航道扩建一期工程、北海铁山港区航道三期工程、防城港渔澫港区第五作业区进港航道及513-516号泊位等项目，争取启动防城港企沙作业区、钦州港三墩作业区二期扩区建设。

五、联合大湾区建设国际信息大通道

以加快建设中国—东盟信息港为重要抓手，积极推动与大湾区共谋共建国际信息大通道。深化广西与大湾区信息互联互通，推进服务大湾区的信息通信、信息服务等产业聚集发展，推动与大湾区旅游公共服务线上线下深度融合。推动共建面向东盟的国际化合作平台，支持联合粤港澳企业在东盟国家建设数据中心。鼓励粤港澳企业积极参与建设中国（南宁）跨境电商综合试验区，打造面向东盟的电子商务集聚区。开展北部湾"智慧海洋"试点，共建"泛北部湾区域全息海洋大数据平台"，培育智慧海洋应用服务体系，建设海洋产业数字化融合发展合作区。联合粤港澳构建信息交流与合作平台，提升广西科技创新成果水平。建立跨区域信息平台，高效共享区域资源，优化资源配置，提升科技创新成果的辐射力，努力打造服务中国-东盟信息化战略合作的国内一级节点。

专栏4 信息大通道工程

推动粤港澳电信运营商、行业龙头企业参与中国—东盟信息港南宁核心基地、中国电信东盟国际信息园、中国移动新型绿色数据中心、地理信息与卫星应用产业园、中国—东盟港口物流信息中心等重大项目建设。支持粤港澳企业参与建设中国（南宁）跨境电商综合试验区，建设钦州华为数字小镇，打造面向东盟的电子商务集聚区。

六、构建国际一流的现代物流体系

依托贵广、南广高速铁路等交通干线，联合建设一批面向大湾区、辐射西南中南地区的国际化大市场、集散中心、专业批发市场和无水港，拓展物流产业链，打造区域性国际物流枢纽。推动北部湾港与大湾区港口城市在船舶交易、金融、船代货代、陆海联运等方面开展多式联运合作，打造一批区域性大型物流基地。加强与粤港澳知名航运企业的战略合作，提升客货运输的畅通性和通达性及服务水平。支持大湾区企业在连接大湾区和东盟的西部通道综合物流基地设立采购配送基地，开展跨境物流业务。

第五章　重点推进与大湾区的产业融合发展

坚持"强龙头、补链条、聚集群"的产业发展思路，深度挖掘产业合作潜力，共建利益共享的产业链，打造龙头企业，在大湾区建设中发挥广西独特功能。

一、推进制造业融合发展

积极承接大湾区电子信息、智能制造、新材料、生物医药等战略性新兴产业以及汽车零部件、整车装配等装备制造产业，重点推动南宁、柳州、桂林、梧州、贵港、贺州等市与广州、深圳、佛山等市开展深度合作，引进一批制造业项目，打造一批制造业集群。建设环粤产业承接带、西江产业承接轴带和北部湾沿海-沿边产业承接轴线。以柳州、南宁、贵港、梧州等市为重点，加大精准招商力度，引进粤港澳先进制造业龙头企业和技术人才，着力延伸产业链条、培育产业集群。利用大湾区的科技创新资源优势，集中力量打造石化、冶金、铝精深加工三大资源型产业集群，协力推进粮油加工、现代林业加工及造纸、生物医药、糖业等四大消费型产业集群。加强同大湾区在海洋产业方面的合作，加强海洋资源的研究、开发及利用，共建海洋经济发展示范区。鼓励有实力的大湾区制造业企业在广西设立面向东盟国家的投资公司。支持大湾区城市在广西建设发展"飞地经济"和"科创飞地"。

专栏5　制造业融合重点

加快推动梧州藤县陶瓷和铝材项目、贵港市国家生态工业示范园动车精密铝配件制造项目前期工作。推动桂林经济开发区华大基因项目、玉柴工业园玉林无人机项目、来宾高新区迪信通（韩国）机器人项目尽快落地。加快推进南宁市江南区智能装备项目、南宁经济开发区高新技术和智能制造项目、粤桂合作特别试验区新材料产业项目、北海出口加工区移动智能终端盖板和显示总成加工项目、玉林市玉东新区航空智能制造产业化项目、贺州高端建材项目（一期）、玉林市福绵区装配式建筑与现代绿色建材产业项目、北海市合浦工业园区新一代电子信息产业项目、柳州市北部生态新区广西工业设计城、柳州市柳江区柳州毅德城、钦州华谊化工新材料一体化基地和钦州港区轻型载货汽车升级改造、来宾高新区汽车电子产业园、来宾市新能源材料产业基地、广西·中国糖业产业园、崇左中铝稀土产业园、广西崇左国际林业循环经济产业园等项目建设,积极申报创建北部湾国家级石化产业基地,支持建设柳州、南宁、贵港新能源汽车产业基地。

二、培育壮大战略性新兴产业

加强与香港、澳门、广州、深圳等中心城市的合作,重点发展生物医药、新一代信息技术、新材料、新能源汽车、轨道交通装备等战略性新兴产业。依托深圳-巴马大健康合作特别试验区等平台,支持南宁、梧州、桂林、玉林、河池、贺州、来宾等市发展健康养生、生物医药产业。推动粤港澳电信运营商、行业龙头企业参与中国—东盟信息港南宁核心基地、珠江—西江经济带(广西)航运数据中心、中国—东盟港口物流信息中心等重大项目建设,积极推动北斗导航、物联网、云计算等新一代信息技术研发和产业化发展。依托"中国—东盟技术转移与创新合作大会"等科技交流平台,加强与深圳、广州等地技术合作,积极推动粤港澳大湾区科技成果向广西转移转化,大力发展柳州、河池、百色、来宾等市有色金属新材料产业,加快贺州、崇左、梧州等市稀土新材料产业发展,支持来宾三江口港产城新区发展新能源、新材料产业,支持柳州、南宁、贵港、来宾等市发展新能源汽车产业,支持贵港建成广西面向大湾区的战略性新兴产业基地。

专栏 6 战略性新兴产业发展重点项目

鼓励我区企业、高校、科研机构与大湾区相关单位合作共建工程研究中心、重点实验室等创新平台,加强创新能力和创新体系建设,重点发展生物医药、新一代信息技术、新材料、新能源汽车、轨道交通装备等战略性新兴产业。大力支持南宁、梧州、桂林、玉林、贺州、来宾等市发展生物医药产业。加快建设惠科电子北海产业新城、玉林中滔循环经济产业基地、南宁城市轨道车辆组装、来宾三江口节能环保产业园、桂林花江智慧谷等项目。重点支持柳州、河池、百色、来宾等市有色金属新材料产业和贺州、崇左、梧州等市稀土新材料产业发展，加快贺州碳酸钙、装配式建筑产业以及来宾碳酸钙产业发展。

三、推动服务业联动发展

吸引大湾区的优秀企业和优秀人才，推进广西金融保险、健康医疗、专业会展、法律咨询、大健康旅游等服务业提质发展。

推动旅游业全面对接，在旅游航空、线路设计、产品开发等方面开展合作，支持在桂林等重点旅游城市实行特定国家和地区免签、落地签政策，共同建立世界大健康旅游圈。加大旅游项目投资合作，支持旅游企业跨省区投资发展，参与跨境旅游合作区建设，共同打造珠江-西江特色水上客运与观光游等旅游精品线路。围绕北海游轮母港基地建设，大力发展连接大湾区和东盟国家的国际海上邮轮旅游。引进大湾区企业在广西发展高端旅游业。继续发挥两广城市旅游合作联席会议作用，加快推进无障碍旅游区建设，培育特色精品旅游线路品牌。

吸引大湾区金融机构到广西设立银行、证券、保险、金融租赁、消费金融等法人或分支机构，培育新型金融服务业态。支持香港金融机构为广西企业在港融资提供便利，研究开发针对广西企业特色金融类产品，助推广西企业"走出去"。

支持大湾区投资者在南宁、桂林、河池、北海、贺州等市建设一批养老社区、老年公寓、康养特色小镇等，推进大健康产业多元化发展。发挥广西丰富的中医药材资源优势，借助大湾区先进的科学技术研究体系，联合开展技术攻关。

强化中国-东盟博览会等展会品牌，加强与广交会等知名展会的合作，推动建立会展业联盟。鼓励大湾区律师事务所到广西设立代表机构，争取国家批准在广西实施联营试点，推动律师、公证、司法鉴定领域的交流合作。

专栏 7　服务业联动融合项目

大力推进股权转让、收购兼并、合资基金、证券投资、产权置换等金融合作示范项目。围绕健康养生、养老等开展合作，推动一批健康养生、养老特色产业基地建设，建设一批富有地方特色的中医药壮瑶医药旅游城镇、度假区、文化街，积极打造大湾区高层次人才康养之地、国家养老产业基地和健康养老服务业国际合作区。

重点推进粤桂玉林-花都中医药大健康产业园、粤桂合作特别试验区生态科技小镇、玉林玉东新区中小企业创业小镇、来宾市瑶医药特色小镇、钦州市动漫小镇、贺州市黄姚古镇创意文化旅游区、中越德天-板约国际旅游合作区、崇左花山岩画文化景区等项目建设。加强旅游信息沟通和旅游发布平台合作，建立信息共享平台，推动广西与粤港澳地区旅游公共服务线上线下深度融合建设。

四、建设对接大湾区市场的农产品基地

打造一批面向大湾区的"菜篮子""果园子""米袋子"基地，以"10+3"特色优势产业为重点，抓好现代特色农业产业品种品质品牌提升行动，大力发展绿色优质农副产品生产加工基地，建设农产品产地集配中心、水产品空中运输走廊、南北果蔬流通集散地，打造面向大湾区特色农产品主要集散地。重点推进来宾市国家现代农业产业园、南宁市农产品交易中心、粤桂合作（梧州—云浮）现代生态循环农业示范区等项目建设。

五、打造产业合作平台

积极创建国家级南宁五象新区和南宁临空经济示范区。积极推进广西东融先行示范区（贺州）建设，引进一批粤港澳先进的管理、运营团体，培育形成一批标杆项目，将重点合作园区建设成为承接大湾区高端产业集聚区、产城融合发展样板区、科教和人才资源富集区、国际投资贸易合作试验区。积极推进北海、防城港、钦州园区平台一体化发展，鼓励广西北部湾经济区城市主动与深圳、广州等大湾区主要城市深化点对点产业合作。支持在

广西北部湾经济区设立"港澳青年创业园区",为港澳青年在内地创新创业成果孵化提供发展空间,吸引港澳创新要素参与连接大湾区和东盟的西部通道建设。支持广西城市与大湾区城市开展产业协同合作,鼓励大湾区企业和机构在南宁、柳州、桂林、梧州、贺州等市创建"飞地园区"和"科创飞地"。联合大湾区举办数字、医药、电子等高端产业集群招商会,探索在东兴、凭祥、龙邦等3个跨境经济合作区建立"港深加工贸易区",打造港澳"转口贸易"飞地。

专栏 8　产业合作平台项目

重点推进中国—东盟(钦州)华为云计算及大数据中心、中国—东盟信息港跨境数据中心、桂林中兴通讯产业园、粤桂合作特别试验区中兴梧州智慧广西云数据中心(一期)、玉林市中滔循环经济产业基地、贺州小鹰-700 飞机总装基地、贵港新能源电动车生产基地、澳门-北海葡语系国家产业园、深圳巴马大健康合作特别试验区等项目建设。

六、创新产业融合发展体制机制

支持与大湾区城市、企业、行业协会、智库搭建多层次、常态化、开放式的产业融合发展机制,争取引进更多"新经济产业园"。推动建立与粤港澳前店后厂合作机制,提高产业融合、市场资源及要素配置效率。进一步完善柳州市和佛山市先进制造业融合交流合作机制,提高两市产业关联度。进一步完善桂林市与深圳市电子信息产业合作机制,建立深圳(桂电)产业创新平台。

第六章　与大湾区共建区域创新共同体

携手优化创新资源配置,联合研发和开展技术攻关,促进产学研融合,共同推进区域协同创新。

一、构建协同创新基地

加强与大湾区科研机构和高新技术产业园区合作,鼓励粤港澳企业在广西建立研发中心和"创新飞地",共同打造协同创新基地。加快实施中国-东盟科技伙伴计划，积极与大湾区合建技术研发机构、科技示范园区、联合实验室以及科技成果交流平台，打造国际科技合作基地。

专栏9　协同创新基地工程

加快建设中国—东盟技术转移中心、质量检验检测认证中心、检验检测认证高技术服务集聚区、环保技术和产业交流合作示范基地，建设国家科技成果转化服务（南宁）示范基地。加强中国—东盟信息港南宁核心基地、中国—东盟（钦州）华为云计算和大数据中心等与大湾区科技创新合作。

二、搭建协同创新平台

积极对接大湾区重大科研基础设施和大型科研仪器国家网络管理平台建设，推动粤桂重大科研基础设施和大型科研仪器共享，优化科技创新资源配置。积极从大湾区引入行业领军企业、创业投资机构、创业服务机构等，在开发区、特色产业园区、驻邕高校和有条件的城区建设一批创业孵化载体，加快推进广西创新创业载体建设。

专栏10　协同创新平台工程

建设北部湾国际科技创新中心和南（南宁）柳（柳州）桂（桂林）科技创新走廊。着力加强南宁与广州、深圳、香港、澳门的"无缝对接"，在南宁五象新区布局建设北部湾国际科技创新中心，打造南柳桂科技创新走廊，积极对接广深科技创新走廊，吸引广深、港澳科研团队落户，联合打造"粤港澳协同创新核心圈"。

建设服务大湾区的创新创业平台。重点打造南宁高新区双创示范基地、梧州高新区创新创业孵化基地、贵港科技企业孵化基地、玉林中小企业创新孵化服务中心等"双创"服务平台。加快在北海、钦州、防城港等市建立一批高新技术创业服务中心。

建设全球最大的药用植物大数据中心。推动广西药用植物园与澳门大学联合组建"桂澳道地药材联合创新研究中心"，支持广西药用植物园与大湾区共建"国家基因库药用植物活体库"和"药用植物基因组学转化研究中心"。

三、完善协同创新机制

争取与大湾区共同建立符合创新规律的跨区域政府管理协调制度,创新收益分配制度。围绕新一代通信技术、生物医药、新材料、装备制造、汽车等重点产业领域,聚焦核心技术和应用需求,携手制定产业技术合作创新推进计划,加快原创性技术和前沿技术的突破。推动创新人才、创新平台、先进技术、先进成果在广西与大湾区之间无差异化顺畅流通。

四、促进科技创新资源集聚

积极鼓励国内"双一流"高校、国家级科研院所在广西北部湾经济区设立分支机构。着力加强南宁市与广州市、深圳市及香港、澳门的合作,吸引大湾区科研团队落户广西,探索共建科技创新园区、科技研发与人才培养基地。携手制定产业技术合作创新推进计划,建立对接交流机制,搭建信息对接平台,健全技术转移合作机制,推动科研成果产业化,加快建设大湾区科技成果转化高地。围绕广西高质量发展需求,积极引进大湾区高端科技和高精尖人才。

第七章 打造与大湾区和谐共生的优质生活圈

充分发挥广西生态优势,推动共建优质生活圈,积极打造大湾区的绿色腹地和"后花园"。

一、加强生态环保合作

建立健全与大湾区的生态环境保护联防联控机制,着力加强跨流域生态保护合作,共同推进跨区域重大生态环保工程建设,推动粤桂生态治理合作。进一步加强珠江-西江生态廊道建设,创建粤桂合作现代农业标准化清洁生产示范区。协商建立海洋污染防治合作机制,共同加强北部湾海域生态环境保护,共建东南沿海红树林生物多样性保护重点生态功能区。继续推进完善横向生态补偿机制,研究流域海域新的生态补偿方案,推广生态补偿机制试点经验，建立生态补偿长期稳定机制。以南流江、九洲江等跨界流域和北部湾近岸海域水质达标为目标，采取政府和社会资本合作（PPP）等建设模式，谋划实施一批生态建设和环境保护重点项目。

专栏11 跨区域重大生态环保建设工程

加强珠江-西江经济带干流和主要支线岸线保护，实施岸线保护区、保留区、控制利用区、开发利用区分区管理，加强自然岸线管理。以打造全流域大型湿地公园为目标，推动湖泊、河流、沼泽、库塘等湿地建设，加强湿地生态系统保护和修复。扎实推进九洲江跨区域生态补偿试点，继续开展九洲江流域及鹤地水库水污染联防联治。实施"蓝色海湾"综合整治，协商建立珠江口海域海洋污染防治合作机制，共同加强北部湾海域生态环境保护，共建东南沿海红树林生物多样性保护重点生态功能区。

二、加强教育人才合作

加强教育合作。支持引进大湾区国际化教育资源，深化高校产教融合和校企合作。探索建立粤桂劳务合作试验区或人力资源服务产业教育园区，建设一批高技能人才培养基地、公共实训基地和技能大师工作室，培养大批高技能人才。大力开展职工岗位技能提升、职业技能鉴定和创业能力培训，加快广西职业培训标准对标大湾区。大力支持广西高校与大湾区的高水平高校、科研院所通过联合及委托培养等方式培养高层次创新人才。放宽对高校、职业院校教师赴港澳培训的经费和时间限制。

加强人才合作。加强党政干部交流合作，推动建立广西干部队伍到大湾区挂职锻炼机制。大力鼓励人才赴港澳交流学习。建立大湾区优秀人才来桂交流的"绿色通道"，推广与大湾区人才市场相衔接的人才管理机制。开展高层次人才交流合作，重点引进一批有重大发明和重大技术创新成果的高层次科技领军人才、有国际视野和参与全球化竞争的国际型人才、服务周边外交战略的决策型人才、在开放型经济中发挥作用的外向型人才。

专栏 12　教育人才合作工程

实施教育合作工程。实施"广西高校国际化提升工程"和"大湾区精英人才引进培育工程",建设一批示范性高技能人才培养基地、公共实训基地和技能大师工作室。鼓励大湾区高校到广西设立分校,支持高校建设协同创新中心。推动北部湾大学与粤港澳高校开展海洋等领域合作。加快实施柳州、钦州、梧州、贵港、来宾等市职业教育突破发展工程,深入推动百色-中山大学战略合作、茂名-来宾教育协作。

实施人才交流工程。定期组织优秀中青年干部深入大湾区交流学习,加强与大湾区高校、科研院所和各类智库机构开展人才交流合作。积极从粤港澳引进高层次人才,在其家属安家落户、子女上学、社保转移、职称评审、课题申报、资金奖励、职务晋升等方面给予优惠政策支持。

三、加强文化交流合作

建立健全现代文化市场体系,建设多层次文化产品和要素市场,推动文化企业跨地区、跨行业、跨所有制兼并重组,共同培育拥有自主知识产权和文化创新能力的大型文化企业集团,建立粤桂文化产业联盟,打造粤桂文化创意集聚区。与粤港澳建立文化产业高层管理人才、经营人才、创意型人才、市场推广型人才的培养、交流、引进机制。支持城市间开展文化交流合作,推动将"粤港澳青年文化之旅"活动延伸至广西,共同开展对外特别是与东南亚、东亚等国家的文化交流活动。

专栏 13　文化交流合作项目

积极推动梧州粤剧保护与传承基地、岭南文化休闲养生基地、恭城姚家大院互联网文化旅游产业园建设,打造梧州、贺州岭南文化休闲养生基地、粤桂文化创意集聚区以及钦州坭兴陶文化创意产业园等。

四、加强公共服务合作

深化医疗保障服务合作。开展两广医院管理、医疗科技交流、医护人员培训合作。深化与香港医院管理局及其他医疗单位合作，培养高素质的专科护士和师资人员。支持港澳医疗服务提供者按国家有关政策在广西设置更多医疗机构。加强中医药人才培训与交流，共同打造中医药大健康产业国际创新合作圈。

加强健康养老服务合作。共同打造中医药小镇、壮瑶医药旅游城镇，鼓励和支持港澳大型养老集团以独资、合资、合作、并购等多种形式兴办养老机构，共建桂林国家健康旅游示范基地，打造国家养老产业基地和健康养老服务业国际合作区。积极推进深圳巴马大健康合作特别试验区共建共享。

提升社会保障服务能力。建立全区统一的社会保障信息交流平台，加快医疗、养老、失业等社会保障统筹和社会保险关系跨省、跨市转移接续，推进"五保"互认和结算。开展与大湾区劳务合作和就业技能培训。共同推动柳州和湛江、南宁和茂名劳务合作协议落地实施。

五、全面落实粤桂扶贫协作

持续高位推进粤桂扶贫协作工作，加强高层互访对接，完善结对工作机制。定期开展互访共商协作工作，推进落实粤桂扶贫协作优惠政策。不断加大产业、劳务、教育、医疗卫生、人才交流等方面协作，在更大范围、更宽领域、更高层次全面深化重点领域协作。落实好东西部扶贫协作考核，全面落实粤桂扶贫协作重点工作，不断充实帮扶力量，引导帮扶力量向深度贫困地区倾斜。加快出台并组织实施扶贫协作资金管理办法，推动资金向深度贫困村和贫困人口倾斜，提高资金使用效率和效益。联合广东省举办贫困地区特色资源、重大项目及名特优产品宣传推介活动，帮助贫困地区打造优势特色产业。共同推进南宁高新区力合（南宁）科技园、深百（南田）众创产业园、深圳巴马大健康特别试验区等粤桂扶贫产业协作重大项目建设，在龙州县、凤山县等贫困县，每年共同推进建设 2-3 个广西现代特色农业示范区项目。深入实施"贫困家庭职业教育+就业"对口帮扶项目。深化两广对口帮扶职业教育协作，加强两广结对共建职业院校。建立劳务和农民工维权信息交流平台，进一步完善两广劳动关系协调机制。

第八章 深化与港澳的互利合作

进一步主动向港澳开放，加强与港澳地区的政策对接和制度配合，全方位拓展桂港、桂澳开放合作的广度和深度，共同培育参与国际合作和竞争新优势。

一、用好现有政策及合作机制

在 CEPA 先行先试政策框架下，推动货物贸易、投资系列协议在广西落地实施，积极推进桂港澳经贸领域深化合作，在国际贸易、商贸物流、科技创新、金融服务、健康养生、检测认证等领域谋划打造一批对接港澳的平台，建设广西 CEPA 先行先试示范基地；充实、完善已建立的桂港、桂澳合作机制，推动港澳居民在广西享有教育、医疗卫生、住房、交通等社会民生待遇，为港澳技术人才进入广西提供更为便利的条件，携手港澳"走出去"，共同参与"一带一路"建设；进一步发挥泛珠行政首长联席会议桂港（澳）高层会晤、香港特区政府驻广西联络处的平台作用，继续办好桂港港口与物流合作论坛，积极组团参加粤港澳重要展览展会，拓展桂港、桂澳在投资、经贸、旅游、文化、艺术等领域的合作。

二、深化金融服务合作

探索建立对接大湾区资金融通的政策机制，充分利用港澳融资平台，多渠道吸引港澳资本参与广西建设。支持我区地方法人金融机构与港澳金融机构加强合作，吸引港澳金融机构按国家有关政策在我区设立银行、证券、保险、金融租赁公司、消费金融公司等金融机构，培育新型金融服务功能和业态。允许港澳台和外籍金融人才按有关规定在广西就业、永久居留。进一步深化与港澳金融服务合作交流，加快推进投融资体系和金融担保体系建设，把广西打造成中国面向东盟的金融运营服务基地、财富管理服务基地、金融信息服务基地和金融交流培训基地。

三、加强科技创新合作

加快推动科技创新融合发展,加强科技创新资源共建共享,合作共建创新平台,进一步健全技术转移机制,推进课题成果产业化。支持香港应用科技研究院及科学园与广西科研机构和高新园区合作,建立技术转移合作机制,举办粤桂港澳产业科技合作专题研讨会,推动港澳科研成果在广西转化。支持港澳在广西建立研发中心和"飞地园区",设立检验检测认证分支机构。

四、深化"一带一路"合作

支持港澳利用中国—东盟博览会和中国-东盟商务与投资峰会、泛北部湾经济合作论坛等重大开放合作平台,共同推进连接大湾区和东盟的西部通道建设,积极参与打造中国-东盟自由贸易区升级版,深化与"一带一路"沿线国家在国际大通道、商贸物流、投资便利化等领域的合作。加强广西与大湾区港口航运企业合作,共同组建合资公司参与"一带一路"项目投资建设。

第九章 保障措施

切实加强规划的实施保障,加大支持力度,形成政策创新优势,充分调动各方面积极因素,确保规划目标和任务如期完成。

一、加强组织领导

全区上下要进一步解放思想、改革创新、扩大开放、担当实干,全力打好对接大湾区的攻坚战。各有关部门,特别是相关市县,要把对接大湾区建设作为一项重大任务,加强组织领导,认真谋划,明确目标,按照轻重缓急推进工作。利用泛珠三角区域合作、粤桂扶贫协作、两广推进《珠江—西江经济带发展规划》实施联席会议制度、西江经济带城市共同体、粤桂黔高铁经济带联席会议等合作机制,进一步强化广西与大湾区的合作对接,扎实推动重大合作事项落地。推动建立广西与大湾区省部级领导对话机制,加强规划衔接,统筹解决广西对接大湾区建设的重大问题。推动建立桂港、桂澳高层交流会晤常态化机制，定期召开桂港、桂澳合作机制联席会议，推动桂港、桂澳合作迈上新台阶。

二、强化政策支持

加强广西对接大湾区建设的政策保障，在重大基础设施、重点产业项目、资金安排等方面加大支持，相关项目优先纳入自治区层面统筹推进重大项目计划，优先保障用地、用海、用林等需求。完善促进产业承接转移相关支持政策，加快出台广西对接粤港澳大湾区发展具体支持政策。推动建设中国（广西）自由贸易试验区，加强与粤港澳大湾区在扩大投资领域开放、推动贸易转型升级、深化金融领域开放等方面探索创新。

三、优化营商环境

对标大湾区等先进地区做法，聚焦企业和群众的期盼，全面贯彻落实自治区关于进一步深化改革创新优化营商环境的决策部署，深化"放管服"改革，深刻转变政府职能，正确处理政府与市场关系。持续推进商事制度、投资项目审批、政务服务、行政审批和税收征管等体制机制改革，大力压减办事手续和时间，提升政府服务水平。进一步减税降费，完善企业投资管理体制，打破市场准入壁垒，推进通关贸易便利化，深化市场监管综合改革，完善落实民营企业绿色通道制度，努力打造与大湾区同等水平的国际化、市场化、法治化、便利化营商环境。积极开展营商环境评价，创造宽松平等的市场准入环境，营造公平规范的市场竞争氛围，实现市场准入畅通、开放有序、竞争充分、秩序规范，为企业跨区域发展营造更加良好的营商环境。

四、营造社会氛围

加强广西全面对接大湾区建设的宣传报道，增强公众对广西对接大湾区的认同感，引导各类市场主体积极参与对接大湾区建设。畅通公众意见反馈渠道，形成全社会关心、支持和主动参与广西全面对接大湾区建设的良好氛围。

参考文献

[1] 傅东平. 广西北部湾经济区与粤港澳大湾区的对接融合研究[J]. 广西社会科学, 2018（9）.

[2] 赵宇. 粤港澳湾区经济增长驱动力研究[D]. 深圳：深圳大学, 2018.

[3] 徐荣华, 童立杭. 国外港口物流发展模式及启示[J]. 国际商务财会, 2018（5）.

[4] 邓剑峰. 宁波—舟山港港口区位势评价及其发展战略研究[D]. 舟山：浙江海洋大学, 2017.

[5] 韩兆燕, 杨志嵩. "互联网"背景下青岛港建设智慧港口发展模式研究[J]. 智库时代, 2018（25）.

[6] 汪艳. 广州港的发展模式及其对武汉港的借鉴[J]. 武汉冶金管理干部学院学报, 2019（2）.

[7] 王燕杰. 港口物流企业商业模式创新研究[D]. 大连：大连理工大学, 2017.

[8] 王耀中, 黎谧. 中国沿海港口物流对经济增长的作用研究[J]. 湖南大学学报（社会科学版）, 2009（5）.

[9] 王洪禹. 泸州港港口物流与城市经济联动发展研究[D]. 成都：西南交通大学, 2018.

[10] 傅东平. 广西北部湾经济区与粤港澳大湾区的对接融合研究[J]. 广西社会科学, 2018（9）.

[11] 唐妙言. 试论港口物流的价值分析[J]. 经营管理者, 2014（33）.

[12] 汪长江. 港口现代物流概念诠释、效率测评与增进对策——绿色理念背景下基于宁波舟山港一体化建设的研讨[J]. 管理世界, 2008（6）.

[13] 李莹迪. 舟山港口物流发展模式创新与选择[D]. 舟山：浙江海洋大学, 2014.

[14] 周全. 立足广西面向粤港澳——广西贺州对接融合粤港澳大湾区建设研究[J]. 经营与管理, 2018（10）.

[15] 刘艳霞. 国内外湾区经济发展研究与启示[J]. 城市观察, 2014（3）.

[16] 周建军, 敬东, 王梦珂, 郑燕, 周凌霄. 湾区经济引领长三角高质量一体化发展的路径探讨[J]. 规划师, 2019, 35（13）.

[17] 盛朝迅. 新时期推动湾区经济发展的思考与建议[J]. 全球化, 2019（4）.

[18] 吴璟桉, 万勇, 吴永康. 长三角深度一体化背景下环杭州湾大湾区经济发展战略研究[J]. 上海经济, 2019（2）.

[19] 黄陈国. 因子分析视域下宁德环三都澳湾区经济发展研究[J]. 发展研究, 2018（12）.

[20] 王军, 王文武. 关于推动胶州湾区经济高质量发展的几点思考[J]. 中国发展, 2020, 20（1）.

[21] 马忠新. 我国湾区经济对外开放度的比较研究[D]. 深圳：深圳大学, 2017.

[22] 俞少奇. 国内外发展湾区经济的经验与启示[J]. 福建金融, 2016（6）.

[23] 唐坚. 世界三大湾区发展对中国湾区的经验启示[J]. 北方经贸, 2020（1）.

[24] 唐红军. 国外关于湾区经济的理论与实践及其对粤港澳大湾区的启示[J]. 特区经济, 2019（2）.

[25] 冯家威. 湾区经济增长动力的制度分析——基于四大湾区数据的实证分析[J]. 特区经济, 2020（1）.

[26] 康宏，柳小梅，陈启明．论湾区经济与粤港澳大湾区的协同发展[J]．江西电力职业技术学院学报，2019，32（10）．

[27] 王昊晖．"一带一路"与粤港澳大湾区经济发展与机遇[J]．品牌研究，2019（14）．

[28] 卢冰．基于国际经验的环杭州湾大湾区经济发展对策分析[J]．宁波大学学报（人文科学版），2018，31（3）．

[29] 盛朝迅．新时期推动湾区经济发展的思考与建议[J]．全球化，2019（4）．

[30] 兰书燕，方翠薇．浅析"一带一路"倡议背景下粤港澳大湾区经济发展策略与路径[J]．知识经济，2019（1）．

[31] 林亦俊．以湾区经济推动县域经济发展[N]．学习时报，2018-09-10（4）．

[32] 杨向荣．粤港澳合作新方位下的大湾区经济发展探析[J]．中国商论，2018（8）．

[33] 叶芳．大力发展湾区经济提升海洋经济发展水平[N]．中国海洋报，2017-08-02（2）．

[34] 张锐．世界湾区经济的建设经验与启示[J]．中国国情国力，2017（5）．

[35] 陈国权．供应链管理[J]．中国软科学，1999（10）．

[36] 迟晓英，宣国良．正确理解供应链与价值链的关系[J]．工业工程与管理，2000（4）．

[37] 徐金伟．港口物流发展研究[J]．世界海运，2004（2）．

[38] 张新华，范宪．识别、构建和保持企业核心竞争力[J]．复旦学报（社会科学版），2002（5）．

[39] 马新安，张列平，冯芸．供应链合作伙伴关系与合作伙伴选择[J]．工业工程与管理，2000（4）．

[40] 顾波军．港口物流供应链及其柔性化运作机制研究[J]．科技管理研究，2011，31（3）．

[41] 丁向群．人民日报新知新觉：在优化营商环境上下更大功夫

[DB/OL].人民网-人民日报,http://opinion.people.com.cn/n1/2019/0611/c1003-31128411.html.

[42] 王国文. 全球物流发展趋势与港口功能转变——深圳案例经验分析[J]. 港口经济,2003(2).

[43] 余兴源. 基于全球供应链管理模式的港口功能拓展[J]. 中国港口,2002(12).

[44] 佚名. 什么是港口供应链[DB/OL]. https://wiki.mbalib.com/wiki/.

[45] 闫秀霞,孙林岩,王侃昌. 物流服务供应链模式特性及其绩效评价研究[J]. 中国机械工程,2005(11).

[46] 李晓萍,王亚云. 基于区块链技术的物流服务供应链信息平台构建[J]. 物流技术,2019,38(5).

[47] 刘森,胡亚男,钟淑琪,杨丹. 供应链信息服务平台研究——以怡亚通为例[J]. 物流工程与管理,2019,41(2).

[48] 李国杰,程学旗. 大数据研究:未来科技及经济社会发展的重大战略领域——大数据的研究现状与科学思考[J]. 中国科学院院刊,2012,27(6).

[49] 陈吉宁. 以改善生态环境为新动力,积极打造湾区绿色发展新优势——在湾区城市生态文明大鹏策会上的讲话[J]. 中国生态文明,2016(2).

[50] 储成君,万军,秦昌波,李新. 保持协同推进经济发展和生态环境保护的战略定力[N]. 中国环境报,2019-08-06(3).

[51] 蓝永信. "南向通道"一带一路建设的深化创新工程[N]. 广西日报,2018-10-23.

[52] 李青. 广西北部湾经济区海洋环境保护的法律对策[J]. 东南亚纵横,2015(12).

[53] 刘堃. 社会主义市场经济背景下韧性规划思想的显现与理论建构——基于深圳市城市规划实践(1979—2011)[J]. 城市规划,2014(11).

[54] 刘国军. 湾区经济发展战略对湛茂阳城市带实现高质量发展

的重要影响[J]. 广东经济, 2019（1）.

[55] 刘哲. 我国北部湾港口的"港-腹"经济协调发展研究[D]. 南宁：广西大学, 2018.

[56] 龙水秀. 广西北部湾经济区区域发展政策效果评价研究[D]. 南宁：广西师范学院, 2012.

[57] 卢科荣. 刚性和弹性，我拿什么来把握你——控规在城市规划管理中的困境与思考[J]. 规划师, 2009（10）.

[58] 潘崇敏. 台州湾区发展体制机制创新研究[Z]. 中国台州, 2018-08-20.

[59] 田颖, 刘谦. 空间规划刚性约束机制探索——海南省开展"多规合一"改革的思考[J]. 规划设计, 2018（7）.

[60] 王凌云. 从规划督查看城市总体规划刚性管控[C]. 持续发展 理性规划——2017中国城市规划年会论文集, 2017.

[61] 王锐, 刁承泰, 陈敏, 甘昭昭, 李翠兰. 试论如何在土地利用规划修编中处理"刚性"与"弹性"的关系——以重庆江津市的土地利用总体规划修编为例[J]. 广西师范学院学报（自然科学版）, 2005（1）.

[62] 许世光. 国家级新区近期建设规划编制的刚性与弹性策略[J]. 规划师, 2018（12）.

[63] 徐本营. 论城市总体规划的"刚性"管控作用和框架设计——成都新一轮城市总体规划编制的思考[J]. 2017（4）.

[64] 严世明. 广西城市规划建设管理的工作重点[J]. 广西城镇建设, 2016（11）

[65] 叶芳. 大力发展湾区经济，提升海洋经济发展水平[N]. 中国海洋报, 2017-08-02.

[66] 叶芳. 从湾区经济视角解读粤港澳大湾区发展规划[N]. 中国海洋报, 2019-02-26（3）.

[67] 朱琪, 夏超, 李圣, 易维良. 中小城市总体规划刚性与弹性内容的探索——基于湖南省城市总规局部修改模式思考[C].

共享与品质——2018中国城市规划年会论文集，2018.

[68] 张惠璇，刘青，李贵才．"刚性弹性与韧性"——深圳市创新型产业的空间规划演进与思考[J]．国际城市规划，2017（3）．

[69] 张友安，郑伟元．土地利用总体规划的刚性与弹性[J]．中国土地科学，2004（1）．

[70] 周春山，罗利佳，史晨怡．粤港澳大湾区经济发展时空演变特征及其影响因素[J]．热带地理，2017（6）．

[71] 顾亚竹．港口物流园区战略管理[M]．北京：中国物资出版社，2008．

[72] 王文渊．港口供应链与物流管理理论[M]．北京：中国建筑工业出版社，2018．

[73] 史安娜，南岚．港口物流产业集群共性分析[J]．商业经济与管理，2010（2）．

[74] 李谭，王利，王瑜．辽宁省港口物流效率及其与腹地经济协同发展研究[J]．地理经济，2012，32（9）．

[75] 吴价宝，卢珂．基于多主体的港口物流协同机制研究——以江苏沿海港口物流为例[J]．中国管理科学，2014，22（11）．

[76] 朱芳阳．钦州港口物流与临港工业协同发展研究[J]．物流技术，2014，33（10）．

[77] 吴萍．港口物流系统的发展战略和体系架构研究[J]．物流技术，2014，33（6）．

[78] 冷静．基于第四代港口概念的港城联动建设研究——以青岛西海岸新区为个案[J]．青岛科技大学学报（社会科学版），2014，30（2）．

[79] 蒙露霜，罗瑶．钦州港物流效率与其腹地经济协同发展[J]．广西民族师范学院学报，2017，34（6）．

[80] 程健南，杨忠振．我国多港口地区港口投资均衡状态分析[J]．中国航海，2018，41（4）．

[81] 邵贞，战炤磊．"港产城联动"的绩效评价与优化路径——基

于耦合系统模型的分析[J]. 青岛科技大学学报（社会科学版），2018（2）.

[82] 叶峰. 长沙霞凝港口物流系统构建研究[D]. 长沙：中南林业科技大学，2010.

[83] 赵珍. 港口物流与经济发展的关系研究[J]. 中国水运，2008（4）.

[84] 夏恒良. 港口物流与城市经济发展关系研究[D]. 北京：北京交通大学，2012.

[85] 姜锟. 基于内生增长理论的陕西省经济增长内在动力研究[D]. 西安：西安理工大学，2019.

[86] 黎谧. 中国沿海港口物流发展对经济增长的作用研究[D]. 长沙：湖南大学，2009.

[87] 叶继涛. 大湾区经济时代即将来临[J]. 中国中小企业，2018（5）.

[88] 孙凌晨，张超杰，卓鹏妍. 城市更新背景下城市工业遗产保护与利用方法研究[J]. 智库时代，2018（25）.

[89] 马玉姣. 港口物流集疏运系统优化有关问题研究[D]. 北京：北京交通大学，2012.

[90] 伍凤兰，陶一桃，申勇. 湾区经济演进的动力机制研究——国际案例与启示[J]. 科技进步与对策，2015（23）.

[91] 申勇. 湾区经济的形成机理与粤港澳大湾区定位探究[J]. 特区实践与理论，2017（10）.

[92] 张兵. 典型港口物流发展模式分析及对我国港口物流发展的启示[J]. 物流技术，2015（12）.

[93] 付为政. 基于内生增长理论的呼包鄂城市群经济增长动能转换研究[D]. 呼和浩特：内蒙古师范大学，2017.

[94] 刘珊. 国外主枢纽港口物流发展模式及启示[J]. 山东商业职业技术学院学报，2017（S1）.

[95] 范立强，覃雪花. 融入大湾区"朋友圈"[J]. 当代广西，2019

（13）.

[96] 江雨轩. 大连港全程物流综合服务体系建设问题研究[D]. 大连：大连海事大学，2014.

[97] 徐雯. 扬州港口物流发展问题研究[D]. 扬州：扬州大学，2014.

[98] 陈朝祥. 毕节试验区物流业存在的问题及发展思路分析[J]. 才智，2011（22）.

[99] 吴利娟. "一带一路"背景下天津港城协调发展研究[D]. 天津：天津外国语大学，2019.

[100] 王福铭. 江苏港口物流业的发展和建议[J]. 中国市场，2011（19）.

[101] 张晴，任建雄，陶海飞. 港口物流与现代物流业发展的互动关系实证研究——基于上海与浙江的比较[J]. 物流技术，2012（12）.

[102] 致远. 盐田港口物流瞄准湾区经济[J]. 中国远洋航务，2014（7）.

[103] 周璐瑶. 创新科技驱动粤港澳大湾区经济发展[J]. 中国商论，2018（32）.

[104] 李世泽，吴碧波，潘静. 广西主动融入粤港澳大湾区的优劣势与着力点[J]. 创新，2019（2）.

[105] 赵喜仓，付星星. 港口物流对经济增长影响分析——以张家港港口为例[J]. 特区经济，2010（1）

[106] 阮晓波. 粤港澳大湾区港口融合发展研究[J]. 广东经济，2018（11）.